Fundamentos Identitários Para a Pós-Modernidade

por

João Franco

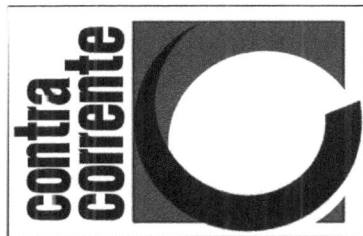

CONTRA-CORRENTE

Lisboa, 2014

Título: *Fundamentos Identitários Para a Pós-Modernidade*
Autor: João Franco
© 2014, IAEGCA
© 2014, Contra-Corrente
© 2014, João Franco

Todos os direitos para a publicação desta obra
em língua portuguesa reservados por IAEGCA.

Esta edição NÃO SEGUE a grafia do Novo Acordo Ortográfico da Língua Portuguesa.

Revisão: Rui Amiguinho
Paginação: Flávio Gonçalves
Capa: Nelson Fonseca
Impressão: Digital Printing Solutions e CreateSpace
Edição e Distribuição: IAEGCA
Colecção: Contra-Corrente

Impresso nos Estados Unidos da América e na União Europeia

ISBN: 978-989-98807-2-6
Depósito Legal:

Printed in the United States of America and in the European Union

Para obter informação acerca dos preços de compra
por atacado e consignações, é favor contactar:
distronr@gmail.com
www.facebook.com/EditorialContraCorrente
http://editoracontracorrente.wordpress.com

Fundamentos Identitários Para a Pós-Modernidade

por

João Franco

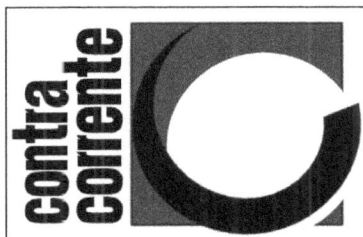

CONTRA-CORRENTE

Lisboa, 2014

Obras publicadas nesta colecção:

ÍNDICE

INTRODUÇÃO

Após 1945, com a derrota do fascismo e do nacional-socialismo, regimes que atacaram intelectual e fisicamente quer o liberalismo capitalista quer o comunismo marxista, estes últimos voltaram-se um contra o outro no que ficou conhecido como Guerra Fria e só terminou com a queda do Muro de Berlim e a implosão da União Soviética. Estava assim chegado o mundo unipolar, controlado pelos Estados Unidos da América. A Europa, outrora potência mundial incontestada, contentou-se em lamber as feridas profundas provocadas pela 2ª Guerra Mundial, e em explorar em seu benefício os dividendos da paz longa que se seguiu, abrindo as suas fronteiras a bens, pessoas e capitais. Em troca, abdicou de intervir e de ser uma influência no mundo, submetendo-se a uma posição subalterna face aos Estados Unidos da América.

A Europa partilhava das ideias explanadas por Francis Fukuyama, no seu livro *The end of History and the Last Man*.[1] Estava-se a chegar ao fim da história, à vitória final da democracia liberal, à paz perpétua. Autores americanos como Robert Kagan, criticaram muito a postura europeia[2], exprimindo o sentimento de um sector norte-americano cada vez maior, que via a Europa como um fardo, em vez de uma aliada preciosa. O 11 de Setembro de 2011 veio marcar o fim do fim da história, e o mundo explodiu com novo vigor em conflitos, crises e revoltas.

No pós-2ª Guerra Mundial, acelerou-se o aprofundamento da modernidade, com a destruição do que restava das sociedades tradicionais e o recrudescer das forças anti-tradicionais, que ganharam mão livre com a Revolução Francesa e a deriva liberal. A economia começou a tomar a dianteira face à política, prenúncio para as actuais plutocracias que dominam as sociedades mais tecnológicas, especialmente as europeias.

---

[1] Cf. FUKUYAMA, Francis, *The End of History and the Last Man*, Free Press, New York, 2006.
[2] Cf. KAGAN, Robert, *O Paraíso e o Poder*, Gradiva, Lisboa, 2003.

Psicólogos e outros gurus modernos, conseguiram instilar no homem europeu a xenofilia e o etnomasoquismo abrindo, a seguir às descolonizações em massa do pós-guerra, as portas à imigração terceiro-mundista desenfreada, para "redimir" os povos europeus da sua imaginada culpa colectiva, e fornecer mão-de-obra barata para a reconstrução do continente europeu, esta financiada pelos ianques.

Com o surgimento da Escola de Frankfurt entre as duas guerras mundiais, que trouxe com ela o marxismo cultural baseado nas teorias de Antonio Gramsci e de George Lukács (e claro de Karl Marx) aprofundou-se o fraccionamento e a minagem da sociedade europeia. A partir do Maio de 1968, com o seu slogan "é proibido proibir", os marxistas culturais começaram a tomar, de forma mais evidente, conta das escolas e das universidades, usando-as como arma ideológica para moldar as mentes das gerações futuras. Começou então, em muitos países europeus, a época do amor "livre", da expansão do consumo de drogas, do incremento dos divórcios e das famílias desfeitas.

A par disto, a explosão do destrutivo feminismo, querendo a "igualdade" entre os sexos, começou a explorar o filão da desvirilização do homem europeu em nome da modernidade. Isto veio acompanhado pela descoberta e generalização do uso da pílula anti-conceptiva, e pela prática em larga escala do aborto, muitas vezes de forma clandestina. Esta prática impediu o nascimento de um número incontável de bebés europeus e trouxe-nos à presente situação de envelhecimento generalizado e Inverno demográfico nos países da Europa.

Actualmente, a desagregação social atingiu patamares ainda mais altos. As famílias desestruturadas são a norma e não a excepção. O aborto é sancionado pelos Estados europeus, e após as uniões entre pares homossexuais, surge agora a adopção de crianças por esses mesmos pares. Tudo em nome dos direitos humanos, claro está. É curioso que se fale tanto em direitos humanos nas sociedades europeias quando estas estão cada vez mais mecanizadas, desumanizadas, egoístas e materialistas. A pobreza, a solidão e a fome começam a imperar e ninguém parece preocupar-se seriamente.

Sem-abrigo vivem nas condições mais abjectas, pior do que muitos animais, enquanto mesmo ao seu lado se vêem os luxos mais supérfluos. As crianças são entregues quase desde o nascimento a cuidados mercenários e são vistas pelos seus progenitores como um fardo enfadonho e um empecilho ao hedonismo. Dos idosos, é melhor nem falar. São depositados em asilos e outras casas do género, esquecidos por familiares, encarados como um peso a suportar.

Além do mais esse chavão dos direitos humanos é totalmente hipócrita, uma vez que actualmente o estilo de vida dos países ocidentais é alimentado pelos produtos baratos ou menos baratos manufacturados pelas multidões exploradas da Ásia, que trabalham muitas vezes em condições de semi-escravatura, sem quaisquer direitos laborais.

Face a esta situação, que pode ser feito em defesa das identidades nas sociedades que estão na pós-modernidade? A inacção não é uma opção, mas é necessário um rumo, um plano de batalha, para que os esforços não sejam inglórios ou em vão. Este ensaio não tem veleidades de ser um tratado, mas deixa pistas que apontam para os problemas e para alguns dos possíveis caminhos a seguir, nestes tempos conturbados em que vivemos. Resistir é o primeiro passo para vencer.

Esta pequena obra será dividida em duas partes. A primeira aponta alguns dos mais prementes problemas do mundo actual, frutos do capitalismo liberal e do marxismo cultural que dominam nas sociedades europeias, e a segunda deixa algumas propostas de caminho para o futuro. No fim desta obra, as referências bibliográficas apresentarão bastantes sugestões de leitura alternativas e inconformistas.

JOÃO FRANCO

_____

ANÁLISE DA SITUAÇÃO ACTUAL

MODERNIDADE E PÓS-MODERNIDADE

Antes de entrarmos mais a fundo neste ensaio, convém esclarecermos um pouco os conceitos de modernidade e pós-modernidade. A modernidade é, em traços gerais, um período pós-tradicional e pós-medieval, que se move do feudalismo medieval em direcção ao capitalismo (com a ascensão da burguesia), à industrialização, à laicização, ao racionalismo e ao positivismo, e ao Estado-Nação.

Para Alain de Benoist e Charles Champetier, "a modernidade designa o movimento político e filosófico dos últimos três séculos da história ocidental. Caracteriza-se principalmente por cinco processos convergentes: a individualização, pela destruição das antigas comunidades de pertença; a massificação, pela adopção de comportamentos e modos de vida padronizados; a dessacralização, pelo refluxo dos grandes relatos religiosos em proveito de uma interpretação científica do mundo; a racionalização, pelo império da razão instrumental através do intercâmbio mercantil e da eficácia técnica; a universalização, pela difusão planetária de um modelo de sociedade implicitamente apresentado como o único racionalmente possível e, portanto, como um modelo superior".[3]

Alguns autores, como Lyotard e Braudillard, acreditam que com a queda do Muro de Berlim em 1989 entrámos numa nova época histórica, a que se dá o nome de pós-modernidade, contrariando os que pensam que ainda estamos na modernidade, mas numa nova fase desta. Concordamos com a ideia de pós-modernidade, cujo início coincide, grosso modo, com a queda do Muro de Berlim, e o fim da URSS. Entrámos na era unipolar, da globalização, da expansão da área geográfica e da agressividade do capitalismo, acompanhados por teorias como o "fim da História". Se a modernidade foi marcada por três ideologias, no seguimento do estilhaçar do mundo tradicional (liberal-capitalismo, comunismo e fascismo), a pós-modernidade é a vitória de uma delas, o liberal-capitalismo e o que é novo - o seu âmbito de nível global - personificado na potência

---

[3] BENOIST, Alain de e CHAMPETIER, Charles, *Manifiesto por un Renacimiento Europeo*, ARKTOS, London, 2012, p. 11.

unipolar, os EUA. Ora, isto é algo sem precedentes na história, um domínio global com o qual os grandes conquistadores, desde Alexandre o Grande a Napoleão, apenas sonharam.

Na pós-modernidade há uma exacerbação do presente, olvidando o passado e desprezando o futuro, com uma base de fundo hedonista, de viver o hoje sem se importar com mais nada. Exalta-se o culto do presente, que está associado à procura do bem-estar entendido como fruição em quantidade e qualidade de bens materiais.

A época pós-moderna é também a época do individualismo exacerbado e da perda de identidade. Existe uma maior fragmentação e uma maior compartimentação de várias identidades num indivíduo. Esta fragmentação individual é o resultado da fragmentação da sociedade, que dá origem a inúmeros grupos, comunidades e "tribos", o que convém ao capitalismo, com os consequentes segmentos de mercado, e ajuda à perda de solidariedade social. As relações sociais reduzem-se à competição e à concorrência, e ao consumo como factor chave do estatuto social.

A dimensão espiritual está ainda mais arredada da vida social do que estava na modernidade, tentando extirpar de vez todas as justificações e normativas teológicas ou metafísicas da vida humana. Os locais de culto esvaziam-se, enquanto assistimos a uma tendência para a superficialidade e para a alienação, com o advento da Internet e principalmente das ditas redes sociais. A solidão é um fenómeno cada vez mais presente neste mundo pós-moderno, onde supostamente as pessoas estão mais ligadas do que nunca.

Depois de termos esclarecido estes dois conceitos passemos à análise de alguns dos problemas que afligem a sociedade pós-moderna europeia.

LIBERALISMO CAPITALISTA E MARXISMO CULTURAL: A RECEITA PARA O DESASTRE

Com a sua receita de laxismo e falta de disciplina, do deixa andar (o famoso *laissez faire*),o liberalismo, secundado pelo marxismo cultural (que é ainda mais destrutivo), têm vindo a minar com sucesso a estrutura da civilização ocidental.

O liberalismo, ao deixar mão livre ao mercado, tem permitido o capitalismo selvagem a exploração do homem pelo homem e a acumulação cada vez maior de misérias em bolsas de pobreza pelo mundo fora, mesmo nos países considerados ricos. O liberalismo é, muitas vezes, a porta giratória para a cleptocracia ou para a plutocracia, onde os acumuladores de fortunas manejam o poder político a seu bel-prazer. Com o seu foco na economia e no individualismo, as sociedades liberais são cada vez mais sociedades desenraizadas, sem identidade, passado ou futuro, geridas como empresas, onde a única coisa que importa é transformar os cidadãos em consumidores e escravos do estatuto social que advém do consumo.

Como é de adivinhar não existem sociedades mais burguesas do que as liberais, presas dos valores mesquinhos e materialistas próprios de uma classe média que abomina, ao bom estilo filisteu, a espiritualidade, o intelecto e as artes. Do individualismo cai-se a breve trecho no egoísmo e consequentemente na desagregação social. O burguês pensa sempre e antes de mais nos seus benefícios pessoais.

Autores como Adam Smith, David Ricardo, John Locke, Milton Friedman ou Friedrich von Hayek, fazem as delícias dos arautos liberais que julgam que a sociedade deve reduzir-se à economia e principalmente que a economia deve dominar a política.

O liberalismo é um factor de tensão para as sociedades que dele são vítimas, que sem excepção vêem o colectivo ser preterido face ao individual e uma decadência acelerada das instituições, a começar pela família - o pilar de qualquer sociedade. As mais amplas liberdades convertem-se muitas vezes em estreitas prisões.

O liberalismo conheceu a sua grande expansão após a Revolução Francesa e em conjunto com o marxismo, que nasceria bastante mais tarde, aplicaram um golpe fatal nas sociedades tradicionais, naturalmente hierarquizadas, onde muitas vezes a burguesia era a classe pária, já que o dinheiro não era o cerne da vida social. Começou a perder-se a noção do colectivo, a favor do egoísmo individual.

A Enciclopédia Polis diz sobre o capitalismo que: " (...) Como sistema concreto, o C. [capitalismo] ou economia de mercado parece caracterizar-se pela propriedade privada dos bens, de consumo e de produção, havendo pela capitalização dos populares a possibilidade de se criarem fontes de rendimento (capital) que geram rendimentos sem trabalho para os respectivos proprietários, e ainda pela liberdade económica, pela afectação dos recursos globais da economia através do mercado, pela actuação hedonística dos sujeitos económicos, que agem por espírito de ganho pessoal ou de lucro [...] Todavia, se o C. pode ter uma caracterização material e institucional, ele designa também uma mentalidade, caracterizada pela racionalidade económica e pelo hedonismo, expresso no espírito aquisitivo, na iniciativa, na emulação e concorrência, no gosto do risco associado à inovação. (...) Por outro lado, os neoliberais (Von Hayek e outros autores da escola de Viena; Milton Friedman e a escola de Chicago) acentuaram que o C. é um processo e integra uma lógica global da sociedade, que corresponderá, no plano económico, à democracia liberal do Ocidente [...]".[4]

Bem verdade, o capitalismo-liberalismo passou de simples sistema económico a modelo político e social, com custos ainda maiores para os países europeus. Vimos como fez o papel falso de bom rapaz após a destruição do Fascismo em aliança com o Comunismo em 1945, durante a Guerra Fria. Conseguiu até atrair para si, como aliados, os resquícios de muitos movimentos e organizações fascistas, atemorizando-os com o fantasma do comunismo ateu e colectivista. Conseguidos os seus intentos, com a implosão da URSS em 1991, o Capitalismo deixou cair a sua

---

[4]"Capitalismo", in *Enciclopédia Polis*, Vol. I, Verbo, Lisboa, 1983.

máscara e começou a sonhar com o governo e com o mercado mundiais. Eis a tão nefasta globalização em todo o seu esplendor. Claro que para alcançá-la é necessário extirpar o homem de toda a espiritualidade e desenraizá-lo. É a destruição das fronteiras, das culturas e dos deuses, para alcançar a livre circulação de capitais, mercadorias, ideias e pessoas em todo o mundo, em benefício do liberal-capitalismo; em suma, aquilo a que assistimos nos nossos dias.

Por outro lado, o marxismo cultural, que se manifesta ainda hoje sob o manto da Teoria Crítica, foi beber como é lógico às teses de Karl Marx. O marxismo não queria apenas uma mudança no paradigma económico, mas também uma mudança de mentalidades, que facilitaria a implementação do marxismo nos países europeus. Era necessária a destruição das instituições europeias, inspiradas na Moral judaico-cristã, no Direito romano e na Filosofia clássica grega. Em resumo, era necessário destruir a própria civilização europeia. Um passo importante seria a abolição (eufemismo para destruição) da família, o que Marx chamava de família burguesa, deixando o caminho livre para a implementação do marxismo.

Após a revolução russa de 1917, que levou à implementação do comunismo na Rússia e à criação da União das Repúblicas Socialistas Soviéticas em 1922, e mesmo ainda durante o decorrer da Iª Guerra Mundial os marxistas acreditaram que o marxismo triunfaria e seria implementado no resto da Europa. Tal não aconteceu, os trabalhadores europeus lutaram pelas suas respectivas pátrias carnais e não pela sua suposta classe.

O húngaro George Lukács, de origem judaica, foi o precursor do marxismo cultural ao introduzir o conceito de consciência de classe. Seguiu-se-lhe o italiano Antonio Gramsci, que acreditava que o motor da história seria a luta de classes entre proletários e burgueses. A revolução já não seria armada, mas cultural. Defendia uma escola igual para todos, onde a todos seriam leccionadas as mesmas matérias e na mesma quantidade: a Escola Unitária. Dessa escola emergiria o Intelectual Orgânico, que não seria necessariamente um filósofo, mas poderia ser um escritor, um jornalista, um actor, ou mesmo um trabalhador braçal. Para Gramsci, ao mudarmos a cultura de um povo, ao mudarmos as suas tradições e valores, mudamos o modo de pensar e de agir da sociedade, e com isso (esperava ele), a sociedade estaria pronta para aceitar o marxismo.

Em 1924 já tinha surgido em Frankfurt a escola de pensamento com esse nome, fundada por Félix Weil, filho de um rico negociante judeu, cujo progenitor passou a financiar o Instituto de Pesquisa Social (nome oficial da escola), com cento e vinte mil marcos anuais. Nos anos seguintes a Escola de Frankfurt conheceu um grande desenvolvimento graças aos trabalhos de Horkheimer, filho de um industrial judeu, que publica em 1937 o livro "Teoria Tradicional e Teoria Crítica". Dos vários pensadores que integraram a Escola de Frankfurt, cumpre destacar pelo impacto dos seus trabalhos Walter Benjamin, Max Horkheimer, Theodor Adorno, Herbert Marcuse e Jürgen Habermas. Importa ainda referir, o desconstrucionismo, preconizado por Jacques Derridas. Toda uma pletora de intelectuais apostados na destruição da civilização europeia.

Como pudemos ver acima, os grandes processos históricos não são casuais, obedecem muitas vezes a ideologias e propósitos subterrâneos que operam apenas a favor das suas causas, custe o que custar. Ressalta também a hipocrisia e autofagia de alguns intelectuais marxistas, que originários da alta burguesia e vivendo com o desafogo financeiro das grandes fortunas, pretendem depois destruí-la.

A combinação do liberalismo capitalista com o marxismo cultural é uma mistura explosiva e um perigo mortal para as sociedades europeias. Felizmente há ainda quem resista. Um grupo cada vez mais numeroso de intelectuais tem defendido ideias opostas a estas duas correntes de pensamento. Ideias patrióticas, nacionalistas ou identitárias, em sentido lato - em suma europeias e dissidentes - têm sido defendidas por intelectuais como Alain de Benoist, Pierre Vial, Guillaume Faye, Gabriele Adinolfi, Claudio Mutti, Pierre Krebs, Jean Thiriart, Robert Steuckers, Aleksandr Dugin, Ernesto Milá, entre outros.

Para combater o marxismo cultural são necessárias iniciativas culturais de sinal contrário, desde a música à pintura, da literatura à escultura e ao cinema. Há que dizer que o marxismo cultural está a ganhar a guerra por falta de comparência do adversário. Muitos não-marxistas incensam nas Universidades e em meios intelectuais teóricos da Escola de Frankfurt, e um espírito filisteu impera em muitos sectores não-marxistas, facilitando o trabalho dos que atacam a Europa e o seu trabalho de sapa nas sociedades europeias.

A SOCIEDADE REAL, A SOCIEDADE IMAGINADA E A SOCIEDADE REPRESENTADA

A sociedade contemporânea real cada vez mais vê baterem-lhe à porta os frutos do liberalismo e do marxismo cultural: criminalidade, insegurança, medo do futuro, angústia, desenraizamento, desemprego, exclusão, perda de referências. Numa sociedade que sonha com a uniformização planetária, e cujo principal definidor da posição do homem é o dinheiro e o poder de compra, é natural que os excluídos, que não conseguem imitar os que têm, comecem a revoltar-se contra o poder instituído. Ao contrário do que a propaganda do sistema quer fazer crer, por todo o globo é cada vez maior o número das vítimas do capitalismo. Cresce o desemprego e aprofunda-se o fosso entre ricos e pobres, a pobreza e mesmo a miséria começam a tornar-se endémicas até nas sociedades ocidentais.

Não obstante, as máquinas de propaganda, sob a forma dos media, continuam a propalar a noção de que estamos no caminho do progresso, de que é exequível e desejável produzir e consumir cada vez mais.

Aumenta o número de excluídos do sistema, mas o Estado-social e outros mecanismos assistencialistas impedem o pior, ao garantirem as necessidades básicas a milhões de pessoas. Até quando? O peso dos que sobrevivem graças às ajudas e subsídios estatais é cada vez maior face ao número dos que trabalham e se a situação não for invertida o sistema acabará por ruir.

A sociedade imaginada é personificada pelas actuais elites ocidentais. Tecnocratas, cosmopolitas, multiculturalistas, muitas vezes corruptas ou ineptas, são a par dos bancos e dos grandes grupos económicos dos quais são lacaias, as grandes beneficiárias do actual sistema. As elites não partilham dos anseios, das preocupações, nem sofrem as privações daqueles que (des)governam. Vivem num mundo à parte, em torres de marfim, onde a tranquilidade de espírito é assegurada por largas quantias de dinheiro depositadas em bancos e por guarda-costas pagos pelo erário público. Toda a conexão com o povo foi perdida.

As elites usufruem de rendimentos incomparavelmente mais altos, de residências confortáveis e seguras, podem usufruir do lazer, podem viajar, como tal não conhecem as preocupações dos reformados que têm de escolher entre alimentação ou medicamentos, dos assalariados que sobrevivem com o ordenado mínimo, que dá para cada vez menos, ou dos desempregados que perdem a esperança nas filas dos Centros de Emprego.

A sociedade representada é a criada e oferecida pelos media. Diverte e entretém e vende a imagem de serenidade e prosperidade que as elites apregoam. Já na antiga Roma o circo servia para distrair o povo dos assuntos graves e sérios. Programas idiotas para gente idiota ajudam a manter o baixo nível intelectual e cultural. Tudo o que possa ser ameaça ao sistema do qual os media são arautos é devidamente ignorado, deturpado, ou diabolizado, enquanto que válvulas de escape artificiais, são toleradas e promovidas.

Não é de admirar que na sociedade moderna os salários mais altos estejam associados ao mundo do espectáculo: actores, músicos, apresentadores, desportistas, ganham fortunas para manter a imagem de uma sociedade que sob a cosmética está cada vez mais falida, angustiada e doente. Parafraseando Marx, a televisão é agora o ópio do povo, afastando o pensamento dos problemas reais e dos desmandos dos governantes em prol de uma pseudo-realidade dulcificada e narcotizante.

A sociedade real é aquela em que o homem comum se encontra prisioneiro. O homem comum não tem os meios financeiros que lhe permitam a fuga ou o isolamento seguro face ao desmoronar da sociedade. Por outro lado, comparando a realidade da sua vida com a realidade apregoada nos media, muitos sentem-se revoltados pois perdem cada vez mais e a cada dia o seu poder de compra, os seus salários e os seus postos de trabalho. Presas do consumismo, voltam-se muitas vezes para a alienação das compras, do álcool, das drogas e de outras formas de vício.

O desamparo do homem comum foi proporcionado pela desagregação de estruturas básicas da sociedade como a família ou a escola e também pela marginalização e ridicularização do factor religioso/espiritual. O homem moderno é assim um ser desequilibrado, com um materialismo exacerbado que o escraviza e que vai devorando os recursos do planeta, e uma falta de dimensão espiritual que o torna num ser vazio e superficial, que apenas almeja futilidades e bem-estar material.

Face ao degradar da situação económica e social na Europa será inevitável atingir um ponto de ruptura, que tanto poderá acontecer por revoltas espontâneas dos espoliados do sistema ou por uma implosão semelhante à que aconteceu na União Soviética. Seja como for, estamos no limiar de uma situação explosiva e histórica.

Numa sociedade cada vez mais mecanizada, fria e desumana, cresce o número de indigentes e de desesperados, para os quais o futuro que se vislumbra é sombrio. A fome que começa a alastrar na Europa, a que se poderão juntar num futuro bastante próximo racionamentos de electricidade e de combustíveis, e mesmo senhas de racionamento como forma de distribuir os recursos cada vez mais escassos, ou de fornecer ajuda aos milhões de pobres europeus, é um forte factor de pressão, que poderá estoirar da forma mais imprevisível. Não podemos esquecer que a Europa é talvez o continente mais dependente de fornecimentos externos em termos de combustíveis e outras matérias-primas.

De uma forma ou de outra a sociedade real acabará por prevalecer e temos de estar preparados para enfrentá-la.

A INFANTILIDADE: DOENÇA DA PÓS-MODERNIDADE

Várias patologias marcam a pós-modernidade, mas uma das que melhor a caracteriza é sem dúvida a infantilidade. Sendo o burguês infantil e materialista por natureza, e a sociedade actual marcada por um forte domínio burguês e pequeno burguês, em que muitos dos que não o são sonham com esse estilo de vida, é natural que se imponha uma mentalidade deste tipo.

Assistimos cada vez mais a pessoas que se recusam a crescer, ou seja, a evoluir em termos intelectuais, emocionais ou morais. É confortável ser-se menor e essa gente recusa-se a sair da sua zona de conforto. A infantilidade na sociedade ocidental é marcada por outras características como a reacção negativa à frustração, a recusa do compromisso ou da procriação, o uso no quotidiano de referências e comportamentos próprios da juventude, etc.

Os media contribuem para esta patologia, com a promoção da moda, do culto do corpo e da juventude eterna e dos produtos que dão a imagem de juventude, até pelo uso de uma linguagem jovem ou infantil. Sim, porque juventude implica também consumir X ou Y.

A explosão do consumo de refrigerantes, de comidas de plástico conferidoras de um estatuto de juventude, a proliferação de fitas de Hollywood que incentivam a irreverência pré-adulta mas que não possuem nenhum conteúdo, e também da literatura de cordel, ajudam a manter este clima.

Além do mais, a infantilidade é muito baseada na inveja. Os adultos que se mantêm nesse estádio, são levados ao consumo por imitação, por mimetismo, na ânsia de compararem-se às figuras que os media apresentam como os modelos a seguir nesta sociedade: figuras do mundo da moda, actores, músicos, banqueiros, jogadores de futebol e outros de similar jaez. Entre eles há um traço comum: a ostentação de bens de consumo caros, luxuosos, de carácter exclusivista e um desprezo em geral pelo seu semelhante que ou nem sequer tem onde ganhar o pão, ou labuta de manhã à noite por um salário de miséria, que o obriga a negligenciar a família e que mal chega para pagar necessidades humanas básicas como alojamento, vestuário e alimentação.

Face à pressão dos media, da publicidade, desta "sociedade", é cada vez mais difícil o processo de maturação que converte os jovens em adultos. Nestes tempos conturbados, amadurecer é também resistir, e por isso, estar menos vulnerável às pressões materialistas e consumistas.

Nunca um período histórico esteve tão marcado por esta patologia. Os ritos de passagem para a idade adulta foram sempre nas sociedades tradicionais um marco muito importante e muito festejado da vida comunitária, ansiado pelos jovens, que se tornavam então membros que comungavam em plenitude comunitária. Hoje em dia, o que mais importa é, pelo contrário, afastar todas as marcas e responsabilidades da entrada na vida adulta. Este infantilismo tem um forte impacto na taxa de fertilidade e na procriação, e é sem dúvida uma das causas que têm provocado a catástrofe da queda da natalidade.

CONSUMISMO E MARCAS: PATOLOGIA E FÉTICHE

Numa sociedade desenraizada onde as referências tradicionais ou institucionais se perderam, o capitalismo tem mão livre para impor o consumismo como o único factor que decide a identidade. É necessário que se consuma cada vez mais, daí que o capitalismo em parceria com a publicidade e os meios de comunicação de massas, inventem com regularidade novas necessidades, apresentadas como prementes e inclusivas, que já nada têm que ver com a satisfação das aspirações inerentes ao ser humano, na sua busca de realização de necessidades materiais e espirituais. Entramos aqui no reino da patologia, do exibicionismo, do narcisismo, do voyeurismo.

O homem pós-moderno, sem referências e sem um passado, vive uma vida vazia, hedonista e individualista, muitas vezes sem um único objectivo. Para preencher esse vazio, volta-se para o consumismo, sem saber, como bom escravo, que ao fazê-lo alimenta o sistema que o mantém subjugado.

Não é de admirar, portanto, que na sociedade pós-moderna o consumismo assuma características doentias, ao ser o único traço definidor da identidade proposto pelo sistema vigente. Atente-se aos modernos centros comerciais, verdadeiras catedrais contemporâneas, onde os indivíduos vão prestar culto ao materialismo e ao Deus dinheiro. Sem preocupação pela racionalização de recursos, pela ecologia ou pela sustentabilidade, importa consumir o mais possível, e de preferência o mais caro possível. Estamos no reino das aparências, em que importa mostrar aos outros que se consome. O estatuto na sociedade pós-moderna, advém do consumo.

O sistema capitalista, crente absoluto na ideologia do progresso, apenas tem como objectivos baixar os custos de produção e fazer aumentar o consumo, para obter maiores lucros. Este desejo de escalada infinita não tem em conta o impacto brutal na Natureza, na sociedade, onde uns se sentem excluídos do consumo e portanto revoltados contra os que consomem, e a degradação da cultura e do intelecto. Os media são os prescritores dos produtos elaborados pela indústria, seja ela qual for, e contribuem para a alienação do indivíduo.

Veja-se os casos do consumo impulsivo, em que o indivíduo, no ambiente propício das catedrais de consumo, usa a aquisição de bens e serviços como fonte imediata de prazer, de desanuviamento, de afastamento do stress e da rotina e do consumo compulsivo, em que o indivíduo, perdendo a sua autonomia e vontade, sente um impulso incontrolável de consumir, que usa para colmatar carências emocionais, que provocam uma sensação de vazio.

O conceito de moda, que exige a renovação cíclica de vestuário, calçado e outros bens está muito ligado à irracionalidade do consumo alienado, sem que tenha para o cidadão comum qualquer significado racional.

O que nos traz às marcas e ao fetichismo. Nunca as marcas assumiram um papel tão preponderante, como na actualidade. A elas estão associados estatuto, pertença, identidade. Tudo isto graças à publicidade maciça, que entra em nossas casas por diversos meios (TV, rádio, jornais, Internet). As marcas identificadas com estratos e estatutos superiores são por isso as mais cobiçadas e alvo de inveja. O fetichismo relativo às marcas faz com que até em muitas zonas do globo atingidas por miséria endémica, artigos da marca X ou Y sejam mais frequentemente objecto de furtos do que artigos de primeira necessidade.

Atribuindo ao fetiche a propriedade de abrir esta ou aquela porta, não admira que muitos julguem erradamente que "a albarda faz o burro". Assistimos a situações extremas e disparatadas de pessoas capazes de tudo para obter este ou aquele bem de consumo muitas vezes em detrimento da própria alimentação. Crise profunda em que nos encontramos mergulhados. Mas crise moral e espiritual, e não tanto económica.

Vê-se bem pelo que aqui referimos a falácia das soluções apresentadas quer pelo liberal capitalismo, quer pelo marxismo. Desprovido da sua dimensão espiritual, o homem não é mais do que um animal. Um animal bastante inteligente, mas cujas preocupações principais são iguais às dos animais irracionais: alimentar-se, descansar, copular.

Triste e mesquinho destino para o homo sapiens sapiens.

Desprovido dos conceitos mais elevados da existência, de objectivos e da possibilidade de praticar acções altruístas e heróicas, vê-se confinado a um estado animalesco redutor, humilhante e grotesco, em que o seu potencial extraordinário não é minimamente utilizado. Vem-nos à ideia a imagem de Charlie Chaplin no filme *Tempos Modernos*, onde se vê bem a desumanização e mecanização do trabalhador, reduzido a fazer uma única tarefa simples durante o resto da sua vida laboral.

O que proporcionou esta decadência, e este estilo de vida, que há algumas poucas décadas era impensável? Vários factores, entre eles a ofensiva do marxismo cultural, o ataque às instituições, o escárnio das religiões praticadas na Europa há milénios, o fim da URSS e a globalização, a mentalidade burguesa, a propagação da democracia liberal. Esta degradação relativamente rápida do tecido social europeu é a prova de que o combate é eterno, que nunca se pode baixar os braços, pois uma sociedade aparentemente muito sólida, em poucas décadas pode mergulhar nos lodaçais mais profundos.

A IDEOLOGIA DO PROGRESSO

A ideologia do progresso crê que a evolução positiva da humanidade sob vários aspectos (económico, social, científico) dá-se ao longo de uma linha recta infinita. Tais premissas são cada vez mais falsas à luz da actualidade e das ideias tradicionalistas, que entendem que a história evolui em grandes ciclos e não numa linha recta.

O capitalismo tem-se aproveitado da ideologia do progresso para os seus próprios intentos, dizendo que o amanhã será sempre melhor que o hoje, como tal pouco interessa o passado. O que o capitalismo quer dizer é, por um lado, que a tecnologia e a acumulação perpétua de bens materiais terão respostas para tudo, e por outro, que a identidade e o enraizamento pouco importam. Para o capitalismo a identidade já não quer dizer nada, ou melhor, a identidade natural e histórica, é substituída por uma identidade artificial baseada no consumo.

A história renasce, ao contrário do que muitos afirmaram e acreditaram. O fim da história não está à vista. Estamos no fim de um ciclo e cada novo ciclo já contém em si a semente da sua destruição. Essa semente germina e dará origem a algo novo que se erguerá por sobre as ruínas de um mundo velho.

O Mito do Progresso, chamado assim pelos seus críticos, sofreu duras críticas por parte de vários intelectuais durante o século XX. Desde Eder a Sale, passando por Sorokin e Popper, foram várias figuras de vulto a criticar esta ideologia desfasada da realidade. Várias civilizações, antigas ou pré-modernas, desde o mundo babilónio ao hindu e do grego ao chinês acreditavam na evolução em ciclos da história e não numa linha recta de progresso infinito.

Não é alheio à ideologia do progresso o positivismo de Augusto Comte, acreditando na racionalidade e no progresso científico acima de tudo, excluindo da sociedade humana a teologia e a metafísica.

Podemos ler na Enciclopédia Polisque: "O progressismo radica essencialmente na crença de uma evolução natural e necessária da Humanidade em sentido ascendente, de progresso indefinido ou a caminho de uma plenitude final estável. Trata-se, portanto, de um historicismo resultante de várias linhas de pensamento e que se traduz, em resumo, na transferência do conceito cristão de História para uma perspectiva naturalista e antropocêntrica. (...) Podemos encontrar o seu germe no antropocentrismo do Renascimento, a sua adopção consciente no séc. XVIII, despoletada pela euforia ante os avanços técnicos, e no séc. XIX a sua formulação (para a qual contribuiu sobremaneira A. Comte) e as suas principais aplicações ideológicas: liberalismo, socialismo e marxismo. (...) Acomodado o liberalismo às suas conquistas revolucionárias, a expressão passa a ser reivindicada pelos socialistas e marxistas, inconformados com os progressos sociais atingidos. (...) Ao reflectir-se no campo religioso, o P. começa por tomar a forma de modernismo: para o cristão que adira ao mito do progresso a vida da Igreja e a sua própria doutrina deverão acompanhar o processo necessário da História, reformulando continuamente as estruturas eclesiais, a fé e a moral de acordo com os valores dominantes em cada época. (...)"[5]

A ideologia do progresso é mais uma falácia moderna, que na pós-modernidade serve não só para desestruturar as estruturas religiosas em nome de um contínuo aggiornamento, mas também para justificar a predação cada vez maior dos recursos naturais do planeta e um desperdício gigantesco de matérias-primas e outros recursos. Por aqui, vemos a mentira da ideologia do progresso. É impossível o planeta aguentar o ritmo cada vez maior de produção e consumo. Apesar das ilusões propagadas pelos media, confrontamo-nos hoje com o esgotamento dos recursos naturais, com a poluição, com a escassez de água potável, com a desflorestação e a destruição das espécies, com as alterações climáticas, com o que Guillaume Faye chamou "a convergência de catástrofes",[6] sob o pseudónimo Guillaume Corvus.

Todas estas situações colocam mesmo em perigo a existência humana na Terra e inevitavelmente forçarão o fim do ciclo capitalista, a bem ou a mal. Lembremo-nos por exemplo do possível esgotamento dos combustíveis fósseis num futuro próximo, com terríveis implicações para as sociedades pós-modernas.

---

[5] "Progressismo", in *Enciclopédia Polis*, Vol. IV, Verbo, Lisboa, 1983
[6] Cf. CORVUS, Guillaume, *La convergence des catastrophes*, DIE, Paris, 2004.

IMIGRAÇÃO, DESENRAIZAMENTO E DESLOCALIZAÇÃO

As sociedades europeias, e também norte-americanas, sofrem há décadas com uma avalanche de imigração desregrada, caótica e hoje em dia totalmente injustificada, face à mole imensa de cidadãos europeus que se encontram desempregados.

A cegueira dos dirigentes europeus sairá cara um dia, mais brevemente do que muitos julgam. Nos arredores de todas as grandes cidades europeias e norte-americanas surgem bairros étnicos, com as suas práticas culturais e religiosas próprias. Muitos deles estão associados à violência, ao crime, ao consumo excessivo de álcool e às drogas. Alguns são zonas onde impera o caos e onde mesmo a polícia fortemente armada tem dificuldades em entrar.

Criam-se assim zonas de não-direito, que não seriam toleradas em mais nenhuma região do mundo. Não o são, aliás. Em África, na Ásia, no Médio Oriente ou na América Latina a imigração clandestina é tratada com mão-de-ferro e sem contemplações e os autóctones têm a preferência e não são tratados como cidadãos de segunda classe na sua própria terra. Só na Europa e nos EUA a situação é caótica e desregrada, apoiada por sectores radicais que se alimentam da desgraça alheia e da traição ao seu próprio povo. No nosso continente podemos falar mesmo em territórios ocupados, em que a soberania dos Estados europeus é apenas nominal. Dentro de certos limites territoriais bem definidos impera o domínio alógeno, com as suas próprias autoridades, leis, costumes e modo de vida.

As sociedades ocidentais não aguentam mais imigração sob pena de perderem a sua identidade para sempre e verem soçobrar a civilização ocidental. Além do mais, a pressão económica sobre os orçamentos governamentais, conduzirá certamente a cortes em muitas prestações sociais e a uma explosão das fracturas da sociedade europeia.

Um pouco por toda a Europa, cedências vergonhosas, lesivas da identidade dos povos europeus, têm sido feitas em nome do multiculturalismo. É caricato que tenham de ser sempre os europeus a ceder e nunca os que demandam a Europa em busca de supostas oportunidades.

Quem promove, quem defende este tipo de imigração, de invasão? Não são os povos europeus, que vêem as suas condições de vida piorar de dia para dia. São sectores limitados das sociedades europeias, que desejam mão-de-obra barata, ou membros para preencher as suas fileiras. Os imigrantes trabalham muitas vezes mais horas e por menos dinheiro, o objectivo de muitos é juntar o máximo de dinheiro possível, seja em que circunstâncias forem. Alain de Benoist fala-nos da imigração como o "exército de reserva do capital". Com efeito, a imigração é usada para chantagear os trabalhadores europeus para aceitarem salários mais baixos e para trabalharem mais horas em piores condições. Diz-nos Alain de Benoist: "A este respeito, não podemos deixar de nos admirar, aos nos apercebermos de como as redes «de sem-papéis» da extrema-esquerda, que pensam encontrar nos imigrados, um proletariado de substituição, servem os interesses do patronato. Redes mafiosas, passadores de homens e de mercadorias, grande patronato, militantes «humanitários», empregadores de mão-de-obra ilegal: todos são adeptos da abolição das fronteiras pelo livre cambismo mundial. (...)Quem critica o capitalismo, aprovando a imigração, da qual a classe trabalhadora é a primeira vítima, faria melhor se se calasse. Quem critica a imigração, permanecendo mudo sobre o capitalismo, deveria fazer o mesmo."[7]

Que fazer? A ajuda ao desenvolvimento tem de ser dada às pessoas e não aos governos que muitas vezes desviam as verbas da ajuda para seu benefício ou para objectivos distintos daqueles que foram pensados pelos doadores. Os milhões famintos do mundo não têm apenas necessidade de um saco de farinha ou de arroz, ou de um pacote de bolachas para matar a fome quando tudo falha. Necessitam de sementes, gados, ferramentas, tractores e de outros meios que lhes permitam alcançar a sua independência e subsistência.

Por outro lado, atacar o liberal-capitalismo predador e globalizante é combater as causas que estão na origem dos fenómenos migratórios e almejar a criação de um sistema mais justo onde cada povo escolha o seu destino e futuro, no respeito pelas suas tradições e cultura.

---

[7] BENOIST, Alain de, "A Imigração, exército de reserva do Capital", in Finis Mundi nº4, Out-Dez 2011, Antagonista, Amadora, pp. 61-68.

A DESTRUIÇÃO DAS INSTITUIÇÕES

A modernidade, na ânsia de criar o Homem Novo, livre de todas as pré-determinações, e acreditando que o futuro será forçosamente melhor do que o passado, faz tábua-rasa deste. Se por um lado o liberalismo, nascido da Revolução Francesa, começou a ver no homem desenraizado o melhor produtor/consumidor, por outro, o socialismo científico, com o Manifesto do Partido Comunista, já pedia entre outras coisas a destruição da Família, indo o marxismo cultural ainda mais longe, na sua ânsia de destruir a civilização ocidental, como já vimos.

Hoje em dia nenhuma das instituições está a salvo. Desde a Família à Universidade, passando pelo Casamento e pelas Forças Armadas, todas têm sofrido a ofensiva do marxismo cultural e do politicamente correcto. Destruídas as instituições, os indivíduos serão presa fácil para o consumismo e para as doenças da modernidade, sendo mesmo questionável se é possível a uma sociedade assim minada resistir por muito tempo.

Na Europa, com o fim da Guerra Fria, as Forças Armadas têm sido relegadas para um papel bastante secundário nas sociedades. Em muitos países, acabou-se com o serviço militar obrigatório, transformando as Forças Armadas em instituições com grande percentagem de para-mercenários, cidadãos que excluídos devido ao desemprego e à exploração laboral, vêem nas Forças Armadas uma saída bastante cativante, embora não tenham qualquer simpatia pela disciplina militar e muito pouca vocação para a vida castrense. A própria sociedade não compreende a existência das Forças Armadas, nem está vocacionada para perceber as suas missões no mundo actual, ou então não percebe o porquê de se gastarem milhões com as mesmas, numa época de grande escassez de liquidez e de exigência de sacrifícios aos cidadãos.

A Escola e a Universidade foram vítimas do mesmo inimigo insidioso: o politicamente correcto, que surge sob a máscara das melhores intenções humanitárias, integradoras e justicialistas, mas que apenas traz o laxismo, a indisciplina e a falta de qualidade no ensino. Hoje as escolas são pouco mais do que um depósito de crianças, onde os pais deixam os filhos bem cedo de manhã e vão buscá-los à hora de jantar. Isto porque por enquanto não os podem deixar lá mais tempo, de preferência indefinidamente. O ensino é nivelado por baixo, porque todos têm de alcançar as mesmas competências, o que é um erro monumental, castrador, e terá um impacto devastador no futuro. Por outro lado, estender o conceito de escolaridade obrigatória até um nível elevado de ensino é contraproducente; vem criar instabilidade nas escolas e esbanjar recursos que poderiam ser melhor empregues a apostar em alunos empenhados e com capacidades. É difícil instruir quando não há educação, e essa falta de educação é uma falta flagrante dos pais, que se demitiram na maioria dos casos do seu papel de educadores. É a política liberal do deixa-andar, tão em voga e que recebe tanto apoio e incentivo por parte de pedopsiquiatras charlatães, adeptos do marxismo cultural.

Também à Universidade este mal começou a chegar. Os alunos saem a saber pouco mais do que sabiam quando entraram. A ignorância é até encarada com bonomia e palmadas nas costas. Espera-se que os alunos debitem uma série de lugares comuns e isso muitos fazem-no com galhardia. A indisciplina começa a grassar, o que não admira, uma vez que a Escola é um viveiro de vícios, que se mantêm ou aprofundam com a entrada na maioridade. A continuarmos assim em breve assistiremos a casos de polícia nas universidades, relacionados com a indisciplina e falta de educação. O acesso ao ensino superior está praticamente generalizado, o que implica um abaixamento da exigência no acesso, e facilitismo nos cursos. A Universidade deve estar aberta a todos, sim, mas apenas a todos os que tenham a vocação e a capacidade intelectual para os estudos superiores, e não a todos sem excepção.

A generalização do divórcio veio aplicar o golpe fatal no já debilitado Casamento. Muitos hoje em dia casam-se como quem muda de camisa, já não é dado ao Casamento o valor de outrora. Por outro lado assistimos às mais grotescas situações com o fito de descredibilizar esta instituição. Casamentos submarinos, circenses, em pelota - já se viu de tudo um pouco. A solenidade e respeito foram atirados para um canto. Além do mais, hoje em dia é mais cómodo romper com um compromisso, do que lutar e tentar salvar a situação. A fuga dos problemas é prática corrente no mundo actual. O estabelecimento de laços fortes e duradouros é, obviamente um óbice ao funcionamento do capitalismo e ao consumismo que ele exige, como tal, acabe-se com o Casamento.

A Família, o pilar básico da sociedade, continua sob fogo. Fala-se muito hoje em dia nas "famílias" modernas, nas famílias assim ou assado. É uma mentira para dourar a pílula: famílias há cada vez menos. Proliferam os indivíduos isolados, e os escombros de famílias, restos depauperados de famílias destruídas pela modernidade. A verdadeira Família implica não só os progenitores e a progénie, mas também todos os parentes mais próximos e até amigos íntimos. É esta família alargada a família tradicional, onde muitas vezes sob o mesmo tecto vivem três ou quatro gerações. Toda esta interacção é benéfica para todos e cada um tem o seu lugar bem definido. É espantosa a força anímica e o poder de luta destas famílias, não admira que a modernidade queira acabar com elas.

Os Tribunais são outra instituição em crise, a Justiça é uma pálida sombra do que foi. Criminosos perigosos andam em liberdade condicional ou recebem sentenças leves. Pobres e indigentes que nada têm, são presos por dívidas irrisórias. Uma burocracia colossal tolhe a administração judicial tornando os processos vergonhosamente morosos. Além do mais, o acesso à Justiça é muito complicado para quem tem escassos meios financeiros. Por seu lado, os ricos fogem com facilidade à justiça, pagando a advogados famosos e afogando as repartições numa torrente de papel.

Parar esta destruição das instituições será possível se for afastada do controlo a actual elite destrutiva liberal e todos os que perfilham e são instrumentos do marxismo cultural. A destruição das instituições não acontece por acaso, faz parte do plano para a implementação do marxismo, servindo ao mesmo tempo os planos liberais para a criação de indivíduos livres de todo o tipo de constrangimentos, ou seja, preparados para serem os melhores consumidores possíveis.

A DEGRADAÇÃO ESPIRITUAL, AS SEITAS, E A SANTIDADE

Face à degradação moderna das tradicionais formas religiosas e espirituais, surgem seitas, cuja espiritualidade vazia e artificial se adequa aos homens vazios e artificiais do nosso tempo. Buscam levar o dinheiro de incautos bem intencionados, mas pobres de espírito, ou oferecer uma forma de religião que é a versão espiritual do pronto-a-vestir! Se no primeiro caso, são geralmente deformações de religiões instaladas, no segundo que engloba as crenças de tipo New Age, amalgamam-se de forma desconexa e forçada traços orientais com o gnosticismo cristão, o animismo, o espiritismo e a pseudociência. Além disso, a New Age recorre a práticas como a magia, os feitiços, a meditação, o yoga, a acupunctura, o vegetarianismo, a astrologia, o esoterismo.

Escusado será dizer que associados a esta corrente, surgem fenómenos de teorias da conspiração, charlatanice e superficialidade. Não temos mesmo pejo em afirmar que as crenças New Age são uma fraude, que nem sequer se deram ao trabalho de surgir com algo novo, mas antes foram buscar aqui uma coisa, ali outra, o que se adequa ao seu pendor multicultural e universalista, que não universal. Os seus adeptos parecem não condenar o materialismo, ou seja, relacionam a riqueza material com a harmonia com o Universo, o que é no mínimo questionável, pois não é possível servir dois amos ao mesmo tempo. Por outro lado defendem o fim das fronteiras, a uniformização económica e são grandes adeptos da globalização! Como pode ver-se, o capitalismo liberal não podia desejar o surgimento de melhor corrente! A New Age serve por completo os seus intentos.

Ao servir "Nosso Senhor em rebuçado", como escreveu Céline em Viagem ao Fim da Noite[8] as crenças New Age personificam um tipo de espiritualidade vazia, sem esforço ou sacrifício, materialista, individualista e hipócrita.

Por outro lado, se as igrejas estão cada vez mais vazias face à

---

[8] Ver CÉLINE, *Viagem ao Fim da Noite*, Ulisseia, Lisboa, 2002.

lassidão e modernismo que atingiram também os servidores do Vaticano, assistimos aqui e ali, um pouco por todo o globo, à expansão militante e fervorosa do Islão, pronto a converter pela força os infiéis. Raivosos contra uma religião já milenar na Europa, os arautos do politicamente correcto ao mesmo tempo que atacam o cristianismo abstêm-se de criticar o Islão e outras religiões alógenas, sem saberem que se os islamitas dominarem a Europa os liberais politicamente correctos serão os primeiros a sofrer as consequências.

Não é necessário ser-se um teólogo para saber que o caminho da santidade é um caminho espinhoso e íngreme, nada do que os actuais gurus apregoam. Implica sem dúvida enormes sacrifícios e uma determinação a toda a prova, ou seja, exige homens e mulheres e não os seres mesquinhos e cobardes da pós-modernidade.

As antigas religiões mantêm a verdade dos seus fundamentos, baseados em valores eternos e no espírito de sacrifício, devoção e fidelidade dos seus fiéis. Vejam-se os exemplos do budismo, do cristianismo, ou do islamismo. Ninguém pode duvidar de que instilam um código moral e de valores que permitem um funcionamento mais justo e equilibrado das sociedades em que nasceram.

Na Europa, o Vaticano cada vez mais é uma instituição progressista, quase um instrumento do marxismo cultural, muito preocupada em adaptar-se à actualidade e em defender um aggiornamento contínuo, esquecendo a defesa dos valores perenes e intemporais que são característica do Homem. Não admira que reapareçam os antigos cultos pré-cristãos, chamados no seu todo paganismo, numa busca de muitos europeus por esses valores que parecem estar a perder-se para o Vaticano. É legítima essa busca. Mas a falência espiritual do Vaticano não é, como alguns pensam, a causa dos problemas da pós-modernidade, mas sim um sintoma da modernidade. As causas são genericamente o liberal-capitalismo, entendido enquanto sistema económico e regime político, e o marxismo cultural, que anda de braço dado com o politicamente correcto e com a polícia do pensamento.

O cristianismo permitiu a certa altura a união dos povos europeus sob uma bandeira comum para fazer face ao avanço do Islão sobre a Europa, ultrapassando a divisão de uma multiplicidade de cultos pré-existentes, e muitas vezes incorporando muitos elementos desses cultos. A pintura, a escultura e a música europeias dos últimos milénios são fortemente inspiradas por esta religião, até chegar o domínio do grotesco e da não-Arte na modernidade. O cristianismo não causou o declínio da Europa. O início do declínio europeu coincide com o início da decadência do Vaticano, com o advento da modernidade que atacou de forma feroz e brutal a religião cristã, através do liberalismo e do comunismo.

Seja com o cristianismo ou com cultos pré-cristãos, o caminho tem de ser trilhado rumo a uma nova tomada de consciência na Europa sobre a importância da espiritualidade.

AS SOCIEDADES TRADICIONAIS FACE À PÓS-MODERNIDADE.

Quando o capitalismo e os seus apaniguados dizem que vão levar o progresso a uma comunidade, seja ela em que ponto do globo for, o que eles querem dizer é que vão destruir as tradições e desenraizar os seus integrantes, privando-os de toda a referência ancestral e espiritual, de modo a torná-los em "bons" produtores e sobretudo consumidores! Consumo, logo existo!

Nas sociedades pré-modernas, como por exemplo a sociedade europeia medieval, existia uma divisão hierárquica da sociedade, nesse caso em três Estados. É bem conhecida a divisão em povo, clero e nobreza. Por cima de tudo, o rei. Esta organização da sociedade foi partilhada por muitas e variadas civilizações. Havia aqueles que trabalhavam e sustentavam a sociedade, ou seja, o povo; aqueles que constituíam a classe guerreira, a nobreza, e que combatiam, defendendo a sociedade e o clero que tratava de assegurar a espiritualidade da sociedade.

A ascensão da burguesia no fim da Idade Média, proporcionada pelos Descobrimentos, que foram uma espécie de globalização avant la lettre, veio introduzir um novo estilo de vida baseado no comércio e no poder do ouro. Ao mesmo tempo, o surgimento e expansão das armas de fogo ditou o fim da cavalaria e da nobreza guerreira tal como existira até então.

Mas o que é enfim a burguesia? A burguesia é um estrato social que teve a sua ascensão na Idade Média. Originalmente o termo burguês designava simplesmente o habitante do burgo, ou cidade, por oposição ao vilão e ao aldeão. O desenvolvimento comercial das cidades do Norte e Ocidente europeus deu origem a uma nova classe de mercadores, banqueiros e empresários. Muitas vezes estes acumuladores de fortunas emprestavam dinheiro aos próprios monarcas, numa época de feudalismo em que o poder real não era absoluto. Assim, é natural que a sua influência crescesse. Com os Descobrimentos e a consequência explosão de rotas comerciais, não só as necessidades de financiamento dos países europeus cresceram exponencialmente, mas foram acumuladas grandes fortunas por via do comércio. No final da Idade Média o clero e a nobreza estavam em decadência e a burguesia guindou-se a um novo patamar, começando a controlar as posições-chave nas sociedades europeias.

Após a Revolução Francesa, apoiada pela burguesia, que aplicou o golpe fatal na nobreza e clero franceses e espalhou as sementes do liberalismo um pouco por toda a Europa e pelas Américas, o poder da burguesia tornou-se ainda maior. Com a Revolução Industrial, surgiu um novo paradigma económico, e o controlo burguês da sociedade tornou-se absoluto. Não só o poder real estava muito diminuído, com o advento das monarquias parlamentares, como os burgueses detinham o controlo sobre os meios de produção e exploravam em seu proveito uma mole imensa de trabalhadores miseráveis, camponeses ou operários. Além do mais tinham, sem dúvida, o controlo das instituições como os tribunais, o exército, e o ensino. A sua mundivisão impôs-se à sociedade e é essa uma característica distintiva. Ser burguês não é sinónimo de ser rico. Além de ser rico o burguês distingue-se pelo seu materialismo económico e pelo seu filistinismo, ou seja, o desprezo pela espiritualidade e pelo intelecto. Além do mais orgulha-se de um consumismo ostensivo, de artigos de luxo e exclusivos, artigos de prestígio.

Os franceses distinguiam a pequena burguesia, a média burguesia, a grande burguesia e a alta burguesia. Os estatutos de grande e alta burguesia só são adquiridos ao longo de gerações e é nestes estratos que se encontram os exemplos mais decadentes, parasitas e materialistas. Na maioria das vezes os seus rendimentos advêm do capitalismo financeiro, associado à especulação bolsista ou imobiliária e do juro, e não de nenhuma actividade laboral ou económica em concreto. O estatuto passa aqui de pais para filhos, sendo que muitos destes burgueses hereditários nunca praticaram qualquer actividade útil à sociedade e estão muitas vezes na vanguarda da decadência, sendo um cadinho de vícios e defeitos.

São bem conhecidas as críticas de Karl Marx à burguesia e ao capitalismo que ela controlava. Marx atribuía-lhe, com razão, grande parte da culpa da exploração e estado miserável da maioria da população. Como sabemos, a resposta de Marx ao capitalismo terminou com um fracasso da experiência comunista, que começou com a queda do Muro de Berlim em 1989.

A segunda grande crítica à burguesia foi elaborada pelo Estado fascista. O tipo materialista do homem burguês era contrário ao espírito inconformista e aventureiro do homem fascista. O fascismo via também o homem burguês como pouco masculino, efeminado e infantil. Era uma falha de carácter um homem fascista tornar-se num burguês e portanto num homem espiritualmente castrado.

Hoje em dia as sociedades tradicionais estão praticamente ausentes do panorama mundial. Além das tribos que vivem no coração de África ou da Amazónia, ou mesmo na Papua Nova-Guiné e de outros parcos exemplos, podemos afirmar que a modernidade e a pós-modernidade fizeram grande número de baixas. E claro, está sempre pronta a escarnecer desses parcos redutos, que vê como atrasados ou risíveis, pois não gozam, segundo ela, das delícias contemporâneas. Podemos igualmente ver grandes traços tradicionais no Irão, cuja organização foi inspirada pela leitura de Khomeini d' A República de Platão, ou noutras sociedades com grande peso teocrático, como o Tibete ou o Butão.

Defender essas sociedades tradicionais, mesmo que muito distantes da nossa, é atacar o sistema e defender um mundo pluricultural e multipolar, que possa afastar-se dos ditames da cultura de massas dos EUA, que é hoje a sua principal mercadoria de exportação. Defender o cinema de um dado país, por oposição a Hollywood; defender a música tradicional por oposição ao hip-hop e ao pop de artistas de plástico criados pelas grandes multinacionais do ramo da música, procurar outros livros além dos romances de cordel best-sellers, especialmente junto das editoras independentes, ir a uma exposição de um pintor em ascensão, ou rejeitar o culto do feio e do grotesco (a anti-Arte) são alguns dos passos que facilmente podem ser dados e que se o forem por muitos em simultâneo, contribuirão para a criação de uma contracultura alternativa.

MATERIALISMO CAPITALISTA E MATERIALISMO HISTÓRICO: DUAS FACES DA MESMA MOEDA.

O materialismo é uma das principais causas da doença e decadência das sociedades ocidentais. Nas sociedades capitalistas o materialismo está no centro da vida quotidiana, pois muitos crêem que a felicidade advém da posse de bens materiais: quantos mais melhor. O materialismo caracteriza-se pois pelo desejo excessivo de adquirir e consumir bens materiais, sobretudo bens luxuosos que são conferidores de estatuto. O consumo ostensivo de bens confere estatuto social, numa sociedade em que vale tudo, em nome da aquisição contínua e exponencial de bens de consumo ou do dinheiro que permita comprá-los. Este materialismo leva à corrupção a todos os níveis, à degradação da moral, à ausência de valores e à decadência.

O materialismo histórico, ou seja, a concepção materialista da história, foi uma concepção desenvolvida no âmbito das teorias socialistas científicas de Marx. Baseava-se em que as mudanças nas condições materiais, decorrentes da organização do trabalho e da evolução tecnológica dos meios de produção são a primeira influência na organização da sociedade e da economia.

Esta concepção materialista da história foi rebatida por Mussolini, que tinha ele próprio sido director do Avanti! e membro influente do Partido Socialista Italiano. Mussolini tinha usufruído de uma sólida formação socialista, que manteve ao longo da sua vida, de modo mais evidente nos primeiros anos do fascismo e nos últimos, com a experiência da República Social Italiana. Alguns dos nomes que o inspiraram foram Proudhon, Blanqui e Sorel. Mussolini afirmou quanto ao materialismo histórico que:

"(...) Uma tal concepção da vida leva o Fascismo a ser a decisiva negação da doutrina fundamental do chamado socialismo científico ou marxismo: a doutrina do materialismo histórico, segundo a qual a civilização humana se explicaria unicamente pela luta de interesses entre as várias classes sociais e pela mudança dos meios e instrumentos de produção. Ninguém nega que as vicissitudes da economia – descoberta de matérias-primas, novos sistemas de trabalho, inovações científicas – tenham a sua importância própria; mas que bastem para explicar a história humana excluindo todos os outros factores, é um absurdo: o Fascismo crê, ainda e sempre, na santidade e no heroísmo, isto é, em acções sobre as quais nenhum motivo económico – longínquo ou próximo – possa ter influência. Negado o materialismo histórico para o qual os homens nada mais são do que comparsas da história que aparecem e desaparecem na superfície das vagas enquanto na profundidade se agitam as verdadeiras forças directrizes, está negada a luta de classes, invariável e inevitável, que é a natural consequência dessa concepção economicista da história; também e sobretudo, está negada a tese que a luta de classes seja o agente preponderante das transformações sociais."[9]

Em 1943, o fascismo foi atraiçoado pela extrema-direita tout cour, com a qual se vira forçado a celebrar um pacto de regime, abdicando de algumas das suas propostas mais revolucionárias. Mussolini foi deposto e preso, abandonado pelos sectores conservadores que previamente o tinham apoiado: a Casa de Sabóia, a nobreza, o clero italiano, parte das altas patentes das Forças Armadas italianas, os grandes industriais do Norte de Itália, os grandes latifundiários do Sul, e a Banca. Ergue-se a chamada traição badogliana.

Abandonado por quase todos os seus apoios importantes, mesmo por muitos hierarcas fascistas, Mussolini tem de voltar-se para os seus apoiantes da primeira hora - velhos camisas negras e veteranos de guerra - e para os jovens educados durante o Ventennio. Juntam-se a ele nestas horas ex-comunistas notáveis, como Niccola Bombacci e Walter Mocchi. A experiência da RSI, com as Leis da Socialização foi muito frutífera, influenciando fortemente a cena política italiana no pós-guerra, e demonstrando a exequibilidade de um projecto nacional e social, orientados por valores contrários aos dos plutocratas.

---

[9] BRITO, António José de, (Org.), *Para a Compreensão do Fascismo*, Nova Arrancada, Lisboa, 1999, p.23.

A QUESTÃO PORTUGUESA: PLUTOCRACIA, CLEPTOCRACIA E IDENTIDADE.

Nas últimas décadas, Portugal modernizou-se. Ou seja, procurou-se apagar todas as referências do passado, incensando o novo regime como o pináculo das realizações portuguesas e quiçá, humanas. Depois dos excessos nos anos imediatos ao golpe militar do 25 de Abril, em que as forças comunistas sanearam, expropriaram, e saquearam um quinhão da riqueza do país arruinando para décadas parte da indústria e da agricultura, os governos moderados que se seguiram tomaram as rédeas do país e instalaram com raízes cada vez mais profundas a partidocracia. Cada partido, com as suas clientelas e figurões e com militantes fanáticos, começou a zelar pelos seus interesses, descurando como é óbvio, os interesses do país. Ao longo das últimas décadas caímos num bipartidarismo político de facto, em que dois partidos que abandonaram a ideologia em favor do saque e do umbiguismo se alternam no poder sem que haja realmente mudanças de fundo na orientação do país.

A entrada de Portugal na CEE, actual União Europeia, mostrou claramente a sanha antinacional dos nossos governantes. Receosos de mostrarem qualquer resquício de nacionalismo "fascista" cederam de bom grado a todas as pressões externas em troca de fundos comunitários que algum dia teríamos de pagar. A agricultura, as pescas e a indústria começaram a ser sacrificadas por decreto, alegremente e em troca de dinheiro no bolso. Hoje vemos bem os resultados dessa política desastrosa, a que se juntou recentemente a actuação dos dirigentes europeus face aos produtos indianos e chineses que entram livremente na UE.

A 3ª República é o exemplo acabado de um regime cleptocrático, em que muitos políticos e funcionários do Estado vivem para a rapina e o roubo e onde quem detém o poder não é de forma alguma o povo, e nem sequer os políticos que dizem representá-lo, mas sim quem possui o dinheiro, ou seja, os plutocratas.

Como tal, não admira que, depois de anos a viver acima das suas possibilidades tenha chegado o momento de pagar a factura. É o resultado do regabofe democrático, em que os políticos esbanjaram quanto puderam tendo no horizonte o eleitoralismo de curto prazo que lhes permitiria continuar no poder e aumentar as suas fortunas pessoais.

Cada vez mais aberto a influências estrangeiras, Portugal tem vindo a perder as suas características distintivas, a sua identidade, supostamente em troca de uma política de fronteiras abertas a trabalhadores e produtos estrangeiros e de uma tão apregoada prosperidade económica que afinal não tem passado de uma ilusão. O resultado dos desmandos democráticos e demagógicos, está bem à vista de todos nos últimos anos. Desemprego galopante, falências em massa, crime, miséria e fome!

Muitos tentam iludir-se, colocando as culpas apenas sob os ombros do comunismo ou do marxismo cultural. Esquecem-se de que os governos das últimas décadas não foram e não são marxistas, e nada têm feito para alterar o status quo, antes pelo contrário. Têm contribuído de forma activa, consciente e convicta para a decadência acelerada do país. Não há inocentes, a omissão é também um pecado. É grande a massa dos que vêem o ataque aos pilares fundamentais da sociedade portuguesa e fingem nada ver. Enfiam a cabeça na areia como o avestruz, e não têm a mínima atitude corajosa, mesmo quando estão em profundo desacordo com aquilo que vêem e testemunham. Acham que o melhor é não fazer "ondas": temem perder os seus privilégios ou a segurança da sua vida burguesa.

Com a perda dos territórios ultramarinos Portugal sofreu um duro golpe geopolítico. Reduzido às fronteiras de meados do século XV, o país viu-se confrontado com a sua nova condição de pequena potência. O sueco Rudolf Kjellen, o pai da geopolítica, na sua obra O Estado como Forma de Vida, considerou que um Estado é mais afectado pela perda de territórios do que pela perda de população. Face à perda de territórios, são uma série de condicionantes que mudam, de adaptações que têm de ser feitas, muitas vezes no decorrer de gerações[10]. Mas o que é então uma pequena potência? Segundo o Professor Políbio Valente de Almeida é: "...a que pode

---

[10] ALMEIDA, Políbio Valente de, *Ensaios de Geopolítica*, ISCSP-IICT, Lisboa, 1994, p.12.

manifestar interesses que ultrapassam o âmbito nacional mas não dispõe de meios próprios para os alcançar, pelo que tem de socorrer-se de alianças;".[11] Caminhamos assim para o oblívio na história.

Sabemos hoje que esta perda de território era inevitável pela independência dos territórios coloniais, mas isso exige sem sombra de dúvida alterações a diversos níveis. Ora os nossos governantes cosmopolitas têm desprezado estas questões ligadas à estratégia e à geopolítica. Tudo menos serem acusados de ligações ao militarismo ou a essa disciplina maldita, herdada do nazi Haushoffer! Assim, para sossego dessas consciências liberais e profundamente democráticas, não se investiga, não se faz elaboração de cenários, não se traçam planos. Somos o navio à deriva de Platão, ao sabor da demagogia! Agora para aqui, depois para ali, amanhã para acolá. Agora Portugal aproxima-se de Angola, depois do Brasil, depois da China, depois do resto da Europa, mas com a diletância de um veraneante que passeia pelo mundo ao acaso.

Alguns tições ainda luzem mas são fraca barreira contra os ventos da pós-modernidade e sem combustível que alimente o fogo, o panorama futuro parece ser um deserto perigoso.

O português médio vive o quotidiano, não sabe de onde vem nem para onde vai. Contenta-se em pensar como pagar as contas e remediar a sua vida cada vez mais apertada. Nos cafés brama muito para o governo, nas urnas tem a revolta de um morto. Na Internet dá-se ares de Garibaldi, não gasta um cêntimo ou uma hora para intervenção política real e efectiva. Efectivamente um panorama desolador na antiga terra dos lusos.

---

[11] Idem, p.17.

FUNDAMENTOS

URBANISMO: ACABAR COM A DITADURA DO BETÃO

Por todo o globo crescem as cidades e as megalópolis. Enquanto isso os campos ficam abandonados, desertificados. O crescimento desordenado das cidades coloca grandes problemas em termos de abastecimento, alojamento, trânsito, poluição, saneamento e sanidade. O urbanismo explosivo, dando origem a uma distribuição desequilibrada da população nos territórios nacionais, potencia o fenómeno do desenraizamento e da perda de identidade, pois são terrenos férteis, com o seu mar arquitectónico de betão indistinto para o cosmopolitismo e para o multiculturalismo.

Para além destes problemas, as sociedades ocidentais enfrentam a cultura da fealdade e do grotesco, da preferência pelo cinzento do betão, em detrimento do verde. Diríamos mesmo, da arte e arquitectura degeneradas. Isto resulta quer da pressão dos lóbis da construção civil, quer do laxismo do Estado que coloca os olhos nos imóveis como fontes de rendimento através de impostos. Parques e jardins não pagam imposto, e como tal são preteridos. A lógica economicista moderna imiscui-se em tudo.

Por outro lado, a emergência das catedrais de consumo, que se situam na periferia das cidades, com o seu efeito eucalipto, que seca tudo em redor, leva à desertificação e abandono do centro das cidades. Pouco a pouco desaparecem as mercearias, os cafés, as frutarias, os artífices independentes, os velhos teatros e cinemas; enfim todo o pequeno comércio, até as universidades começam a deslocalizar-se para a periferia das cidades.

Além disto, a falta de sistemas de transportes públicos abrangentes e de qualidade, bem como de ciclovias, implica perda de qualidade de vida, com um trânsito automóvel caótico, barulhento e lento, que emite grandes quantidades de gases poluentes e tóxicos, com graves consequências para a salubridade e para a saúde dos cidadãos.

Quem fica a perder com a diminuição da qualidade de vida nas cidades e o monopólio das grandes superfícies? Os pequenos produtores que, ou não conseguem escoar os seus produtos, ou têm de vendê-los a preços muito baixos. E os consumidores, que têm de sujeitar-se aos preços praticados por meia-dúzia de grandes superfícies. Tal é o paradoxo do capitalismo, como afirmou G.K. Chesterton: produzir poucos capitalistas.

Em termos psicológicos e de salubridade, a vida nas cidades modernas, onde os prédios se fazem geralmente, por motivos de lucro, cada vez mais altos e os apartamentos cada vez mais pequenos, é péssima para o ser humano, que arredado do contacto com a Natureza e confinado a um espaço exíguo se vê limitado ao consumismo ou a uma existência desumana e mecânica entre paredes de betão.

As cidades têm de ver colocados limites ao seu crescimento, têm de voltar a ser lugares onde valha a pena viver. Para tal são necessárias infra-estruturas de transportes modernas e eficientes, com capacidade para um elevado número de passageiros, para acabar com a ditadura do automóvel, mas principalmente parques e espaços verdes e habitações a preços justos para casais com filhos. Para além disto é necessário regular e limitar as grandes superfícies comerciais, que com o seu efeito de eucalipto devastam o tecido urbano e substituí-las pelas lojas e serviços de proximidade, que trabalham ao nível de bairro.

A tradicional arquitectura europeia, com as especificidades de cada país, tem de ser incentivada, dando um carácter familiar, identitário e acolhedor às cidades do futuro. No caso do nosso país podemos destacar o trabalho de Raul Lino[12], que tanto fez pela preservação e divulgação da arquitectura intrinsecamente nacional.

---

[12] Ver LINO, Raul, *Casas Portuguesas*, Livros Cotovia, Lisboa, 10ª ed., 2001.

CONTRA A OBSOLESCÊNCIA PROGRAMADA, PELO DECRESCIMENTO

Num mundo em que tudo - das pessoas, aos sentimentos e às relações - se torna cada vez mais superficial e artificial, não é de admirar que os objectos também sejam eles próprios cada vez menos sólidos e com uma vida útil cada vez mais reduzida. Tal não sucede por acaso. Na ânsia de fazerem aumentar o consumo, os grandes conglomerados industriais limitam logo de início o tempo de vida útil dos produtos que fabricam, de modo a que os consumidores comprem o maior número possível de equipamentos e produtos.

Esta prática é lesiva quer para os consumidores, que têm de despender mais dinheiro, quer para o planeta, que sofre com a poluição e com a exploração desnecessária de recursos.

O aquecimento global, que muitos contestam por motivos sentimentais ou ideológicos, ou melhor dizendo as alterações climáticas, são uma realidade que não pode ser negada ou escamoteada. Não podemos enfiar a cabeça na areia como o avestruz e fingir que está tudo bem, porque a verdade é que não está. De quem é a culpa? Não é certamente dos índios amazónicos, ou dos hotentotes africanos ou dos indígenas da Nova Guiné! A culpa é das sociedades industrializadas, sobretudo daquelas onde se vive em maior ou menor escala num sistema capitalista.

O capitalismo é um sistema predador baseado em conceitos falsos e impossíveis, como a ideologia do progresso, o aumento desejável e eterno da produção e do consumo, entre outros. Baseado na energia (cada vez menos) barata proveniente de combustíveis fósseis, não hesita em explorar da forma mais cruel mão-de-obra barata em que parte for, só para os seus lucros serem mais elevados, nem em despedir milhares de trabalhadores num dia, sem pestanejar.

Hoje já não necessitamos apenas de um desenvolvimento sustentável. Temos de ir mais longe e exigir até o decrescimento. Temos de consumir menos e de saber viver com isso. Em troca receberemos melhor qualidade de vida, um ar mais puro e sobretudo deixaremos aos nossos descendentes um mundo melhor.

Comprar nacional, ou mesmo local e preferir os produtos das

pequenas e médias empresas é aplicar um forte golpe na globalização e nas multinacionais, é ajudar os pequenos produtores e evitar parte da poluição intensa causada pelos transportes internacionais de mercadorias, muitas delas bens supérfluos ou de luxo. Por outro lado há que romper com a influência nefasta dos bancos nas sociedades ocidentais e quebrar a concentração empresarial e os monopólios de certas empresas.

A espiral crescente e irracional do aumento de produtividade tem de ser travada. Há que produzir menos, mas melhor, criando produtos que sejam mais duráveis e que tenham menor impacto sobre o meio ambiente. Não somos os donos do planeta e como espécie mais inteligente, temos o dever moral de preservar a fauna e a flora e de transmitir aos nossos filhos as riquezas que nos foram confiadas para administrarmos. O desmatamento crescente, a extinção das espécies, a poluição, a escassez de água e de outros recursos essenciais são problemas que dizem respeito a todos, pois afectam todo o planeta. Defender a identidade é defender também o meio ambiente, com o qual os grupos humanos vivem em interacção permanente e que molda as suas características particulares.

FACE À GLOBALIZAÇÃO: REGIONALISMO, LOCALISMO E COMUNIDADES

Sabemos bem a quem interessa a globalização. Não é ao cidadão comum, que não é um viajante incansável, seja por falta de vocação ou de dinheiro, e que se mantém quase sempre preso ao seu país de origem. Muitas vezes sai, mas por necessidade, não por prazer. Não é às pequenas empresas nacionais que sofrem com a concorrência desleal dos produtos vindos de fora da Europa. Não é tampouco aos assalariados que sofrem a concorrência dos trabalhadores imigrantes que trabalham muitas vezes ilegalmente, mais horas e por menos dinheiro, e que vêem as multinacionais nas quais trabalham deslocalizar a produção para paragens distantes. A globalização tem criado desemprego, medo, insegurança, perda de esperança num futuro melhor.

Quem lucra? Os banqueiros e os empresários sem escrúpulos, apoiantes de um capitalismo virtual, especulativo, de base financeira. São esses os maiores interessados num mundo desenraizado, num mundo em que os imigrantes, "o exército de reserva do capital" como lhes chamou Alain de Benoist, possam ser usados para exercer uma espécie de chantagem sobre os trabalhadores europeus de forma a que estes aceitem salários mais baixos e piores condições de trabalho. Por outro lado, sem barreiras à circulação do dinheiro, esses magnatas podem colocá-lo onde ele rende mais. O mesmo acontece com as empresas, que da Europa partem para destinos longínquos onde as leis laborais são frouxas ou inexistentes e onde os custos de produção são muito mais baixos. Assim as multinacionais conseguem produzir muito mais barato e vender esses produtos ao mesmo preço de antes nos mercados europeus, aumentando exponencialmente os seus lucros.

As forças marxistas pretendem opor-se à globalização, mas tal é falso. Opõem-se se tanto à globalização financeira, permitindo o livre-trânsito de mercadorias e de pessoas! Ora, sabemos bem o impacto que isso tem na fragmentação e pulverização das identidades.

Para alguns pode parecer estranho que face aos custos desastrosos da globalização, se defenda na actual situação mais desregulamentação, mais liberalismo, em suma mais capitalismo. Contudo, para os grandes industriais e capitalistas a vida prossegue, com mais lucros do que nunca! Para quê mudar? Que lhes importa o número cada vez maior de desempregados provocados pelas deslocalizações, pela mecanização e pela ânsia de maximizar o lucro? Até quando? Os governos, que são quem tem de arcar com os custos sociais e económicos do desemprego, não têm uma capacidade que se prolongue indefinidamente para acudir a estas situações. De qualquer modo, as suas grelhas mentais não lhes permitem tomar as decisões radicais e necessárias para obter a recuperação da economia e da independência. Enquanto vociferam contra os "extremistas", foram os moderados que nos conduziram à actual catástrofe.

Face à possível e previsível falência dos Estados-Nação, devido ao peso insuportável dos seus sistemas de segurança social, necessitamos de alternativas. Os Estados-Nação modernos foram muitas vezes centralizadores e castradores de uma multiplicidade de outras nações dentro do mesmo território; veja-se o caso da Espanha, com os movimentos independentistas galego, catalão e basco ou a França republicana, que suprimiu uma série de identidades, desde a bretã à corsa, passando pela alsaciana.

A resposta a esta situação, neste momento crítico, pode ser o regionalismo no caso onde haja uma multiplicidade de identidades que o justifiquem, ou então o localismo e o comunitarismo. No caso português, em que o Estado coincide com uma única nação, o regionalismo não será solução. Importa recuperar a tradição nacional de municipalismo, ou dito de outro modo, o localismo. Quanto mais auto-suficientes forem as entidades locais e a solidariedade entre os seus habitantes, menor será a dependência face ao centralismo dos órgãos nacionais e maior a emancipação dos cidadãos.

Para concretizar o localismo é necessária uma maior participação dos cidadãos nos órgãos do poder local, a defesa dos traços culturais distintivos, o combate à especulação imobiliária para facilitar a aquisição de habitação a preços acessíveis e potenciar as possibilidades locais em termos económicos, de modo a gerar emprego e ajudar a fixar as populações, que de outro modo se verão forçadas a migrar, ou mesmo a emigrar.

Quanto ao comunitarismo em sentido estrito, sempre teve os seus detractores, que o acusam de ser suicidário e de se auto-isolar face às proclamadas entidades nacionais, ao invés de tentar influenciá-las ou modificá-las. Tal podia ter contido a sua quota-parte de verdade durante o século XX, mas o actual estado de emergência é tal que face à implosão do actual sistema e à falência das suas instituições, torna-se necessária e mesmo imperativa a criação de oásis onde se comecem a formar instituições alternativas que prestem os serviços que o Estado, muitas das vezes, já não consegue assegurar.

A constituição de comunidades baseadas num fio condutor comum, como alternativa ao actual sistema, tem toda a legitimidade, e poderão ser baluartes para um futuro renascimento europeu, ao conjugar-se com o localismo. Claro que esta constituição terá de ser efectuada com um espírito de abertura e de construção de pontes, sob pena de cair num isolamento atroz que vote as comunidades ao fracasso desde o primeiro minuto.

DE UM LADO ECONOMIA ESPECULATIVA, DO OUTRO DISTRIBUTISMO COOPERATIVO.

Abandonando cada vez mais o domínio do real, a economia actual afunda-se pelos caminhos do virtual, do especulativo, do imoral. Não hesita em especular com preços de alimentos enquanto milhões padecem de ou sucumbem à fome. Cria dinheiro a partir do nada, à semelhança de castelos no ar, que quando desmoronam arrastam países, famílias e pessoas que caíram no logro de investir as suas poupanças nos cantos de sereia dos capitalistas. Todo esse dinheiro não é usado para investir em novas actividades económicas nem para auxiliar as actividades económicas já estabelecidas. É sim usado para especulações com vários instrumentos financeiros, essencialmente bolsistas ou para especular com as chamadas commodities.

Existe ao mesmo tempo um movimento de fundo, que conduz a um número cada vez maior de fusões, de conglomerados, de oligopólios, de cartéis, de monopólios. As pequenas e médias empresas não conseguem competir com as multinacionais e a livre iniciativa está cada vez mais cerceada nas sociedades modernas. Todos os sectores da economia, da agricultura aos serviços estão, em termos práticos, nas mãos de uma meia-dúzia de empresas e a isso eles chamam livre concorrência!

Os banqueiros continuam a usufruir de salários milionários e a verem aumentar os lucros dos seus bancos. Longe vão os tempos em que a usura era proibida; agora não só é permitida, como surge sob uma máscara de legalidade e de respeitabilidade, sancionada pelos Estados que sofrem a sua influência.

A economia tem de voltar ao domínio do real. Mais, a propriedade tem de ser algo extensivo a um número cada vez mais significativo de cidadãos. Teóricos baseados na doutrina social da Igreja, particularmente na Encíclica RerumNovarum escrita pelo Papa Leão XIII e publicada em 1891 lançaram duras críticas quer ao capitalismo, quer ao comunismo que desabrochava, elaborando uma doutrina económica chamada distributismo. Os dois mais importantes teóricos foram G. K. Chesterton e HilaireBelloc. O distributismo defendia uma ampla distribuição da propriedade, ao invés de estar concentrada nas mãos de uns poucos capitalistas, como acontece no capitalismo liberal, ou nas mãos do Estado, como acontece no comunismo.

Chesterton e Belloc estudaram a organização da economia pré-capitalista, antes de apresentarem as suas doutrinas económicas. Defendiam o regresso dos mesteirais, ou corporações de ofícios, face aos modernos sindicatos, uma posição próxima do corporativismo, em que patrões e assalariados pertencem à mesma corporação e trabalham pelo bem comum da profissão. Por outro lado, defendiam o fim do sistema bancário tal como o conhecemos, baseado no mecanismo do juro e tendo em vista apenas o lucro. Além disto, queriam legislação para combater a existência de monopólios e de práticas monopolistas e de fenómenos de concentração num dado sector do mercado.

Quanto à propriedade ela deve ser distribuída pelo maior número possível de pessoas, mas apenas a propriedade produtiva, ou melhor dizendo, os meios de produção, sejam eles terras, máquinas, ou ferramentas. Há uma muito maior independência no agricultor que trabalha a sua própria terra, no pedreiro ou carpinteiro que trabalha com as suas ferramentas, ou no artesão que trabalha na sua oficina as suas peças. Além do mais, quem trabalha para si, tem sempre maior motivação. A unidade básica da economia distributiva é a família, ou mesmo a família alargada. Pai, mãe e filhos, a que se juntam por vezes, avós, tios e primos, organizam-se em unidades de produção familiares. Mas, o distributismo também contempla a via cooperativa, quando mais meios e mais mão-de-obra sejam necessários. Numa dada comunidade, várias famílias podem unir-se e formar uma cooperativa, seja esta produtiva ou comercial, e se destine apenas ao escoamento e venda dos produtos.

Que diferença nestes pressupostos face à selvajaria do mercado contemporâneo, onde vigora o cada um por si e onde os grandes esmagam ou exploram os pequenos! É a lei da selva, em sociedades que se dizem civilizadas!

O mercado não é algo neutro e vaporoso. É algo que muitas vezes pode exigir a intervenção dos Estados para garantir um necessário equilíbrio. Embora o distr butismo rejeitasse uma intervenção estatal na economia, ela pode, como vemos hoje, tornar-se necessária e perfeitamente justificada para assegurar o controlo de sectores essenciais para a economia nacional, para assegurar serviços básicos a preços justos aos cidadãos, o financiamento da economia pelo controlo dos bancos ou a participação dos assalariados na vida das empresas.

SER CONTRA TER

Nas sociedades pós-modernas,ter opõe-se a ser e tem inegavelmente tomado a dianteira. Os valores foram relegados quase por completo para os bastidores da sociedade. O lugar de cada um é atribuído não pela sua honradez ou rectidão moral, mas por aquilo que possui. O que cada pessoa tem vale mais do que aquilo que ela é.

Na Grécia antiga, destacava-se o conceito de areté, que seria o conceito grego de excelência, ligado à realização do potencial de cada um. A palavra significava também a coragem e a capacidade para enfrentar todas as adversidades. A palavra areté era usada para designar o cidadão exemplar e o herói, bem como outras coisas consideradas dignas de exemplo.

A partir do século IV a. C., a palavra passou a incorporar os conceitos de dikaiosyne (justiça) e de sophrosyne (moderação e autocontrolo), tendo sido utilizada nos trabalhos de Platão e depois de Aristóteles. O conceito de areté foi também utilizado e de importância na paideia grega, a concepção de educação integral, que formaria cidadãos virtuosos e aptos a desempenhar qualquer tarefa na sociedade. O treino na aretê incluía educação física, retórica, oratória, ciência, música e filosofia, para além de formação espiritual.

Vemos por aqui que os gregos davam importância aos valores imortais e perenes da humanidade e que não descuravam a parte da formação intelectual a actividade física e a actividade espiritual para formação de um Homem integral. Como vimos na primeira parte, a componente espiritual está cada vez mais ausente das sociedades pós-modernas. Em seu lugar surge Mamon, o dinheiro como deus, a avareza, a ganância e o materialismo, o caldo de cultura no qual vinga o liberal-capitalismo e o comunismo.

Chegámos a uma sociedade plutocrata, onde o valor do dinheiro, da corrupção, dos compadrios e do nepotismo, são as únicas chaves que abrem as portas para a ascensão profissional e para a mobilidade social. Face a isto, há que combater o liberal-capitalismo e o seu materialismo, reintroduzir o mérito como factor incontornável e criar as condições para um regresso da espiritualidade enquanto factor de equilíbrio na vida humana.

FACE AO ATOMISMO DA DEMOCRACIA NOMINAL, O HOLISMO DA DEMOCRACIA ORGÂNICA

A democracia liberal e parlamentar, que nasceu em Portugal em 1974, é um bom argumento contra a democracia per se. Os partidos políticos agarram-se com unhas e dentes ao seu exclusivo de representação do povo na Assembleia da República e mesmo os candidatos ditos independentes nas eleições autárquicas estão na maior parte das vezes ligados a partidos e a clientelas partidárias. Iniciativas a favor da democracia directa e da participação de candidaturas independentes nas eleições legislativas são apresentadas pelos poderes instalados como iniciativas demagógicas, populistas, antidemocráticas (!) e mesmo "fascistas". Face a este cenário não admira que cresça a cada ano a abstenção e o desprezo popular pelos políticos de carreira, preocupados com a sua carteira em primeiro lugar.

A democracia nominal aposta no homem desenraizado que decide muitas vezes com base em interesses mesquinhos e egoístas. Não admira que partindo de pressupostos individualistas e numéricos, os partidos políticos actuais mais não sejam do que feiras de vaidades, em que vale tudo para chegar ao poder, e trampolins para cargos mais ou menos bem remunerados. Sendo assim, não admira que cada partido puxe para o seu lado, deixando a nau do Estado desgovernada.

A democracia orgânica vê a Nação como um todo, e tem uma visão holista e integradora, em que o todo é maior do que a soma das suas partes. Opõe-se por isso ao atomismo e individualismo.

A democracia orgânica, realizou-se durante o Estado Novo, não através do voto individual nas urnas, mas sim através de instituições como a família, os municípios, os sindicatos, as universidades, as paróquias e os partidos. A eleição para Presidente da República, para a Assembleia Nacional e para as juntas de freguesia era feita através dos votos das famílias como um todo, representadas pelo seu chefe, geralmente o cônjuge do sexo masculino, mas poderia ser uma viúva, divorciada ou mulher cujo marido residisse no Ultramar. Os únicos casos de votos individuais ocorriam em relação aos homens maiores de idade e solteiros e às mulheres solteiras com diploma de ensino secundário ou superior. Cada indivíduo também contribuía para a eleição da Câmara Corporativa, dos conselhos provinciais e dos conselhos municipais através da casa do povo, do sindicato, do grémio, da universidade ou de outra corporação da qual fizesse parte.

No seu livro "Theproblemofdemocracy", Alain de Benoist tece interessantes considerações sobre a democracia liberal e a democracia orgânica: "Contra a democracia liberal e formas tirânicas de "democracia popular", devemos regressar a uma concepção de soberania popular baseada nas fontes históricas da genuína democracia. Demasiadas vezes hoje em dia destacamos um contraste entre 'liberdade' e 'igualdade'. Ao invés, deveríamos tentar redefinir ambos estes termos. (...) A democracia deve fundar-se não nos alegados direitos inalienáveis de indivíduos desenraizados, mas na cidadania, a qual sanciona a pertença de uma pessoa a um dado povo – ou seja, a uma cultura, a uma história e a um destino – e à estrutura política dentro do qual ele se desenvolveu. (...) O princípio abstracto igualitário 'um homem, um voto' tem de ser substituído pelo princípio mais realista e concreto 'um cidadão, um voto'.

Uma democracia baseada não na ideia de indivíduos desenraizados ou de 'humanidade' mas no povo como organismo colectivo e agente histórico privilegiado pode ser denominada uma democracia orgânica. Representaria a evolução lógica da democracia grega, e de uma corrente de pensamento que coloca no centro da vida social e política noções tais como aquelas de ajuda mútua, a harmonia dos opostos, analogia, a geometria das proporções, a dialéctica entre a autoridade e o consentimento, a igualdade dos direitos políticos, participação, e a identificação mútua dos governantes com aqueles governados."[13]

Por aqui podemos ver que a democracia liberal é a que melhor serve os interesses das elites corruptas e dos plutocratas, estando fortemente implantada na Europa, e que a democracia orgânica está muito mais próxima da vida dos cidadãos e portanto do tecido social de um país.

---

[13] BENOIST, Alain de, *The problem of democracy*, ARKTOS, S/L, 2011, pp. 97,98.

GOVERNO DO NÚMERO OU ARISTOCRACIA?

A democracia parlamentar baseia-se num paradigma quantitativo, em que o número se sobrepõe à qualidade. Como pode o povo escolher, se a maior parte dos cidadãos são ignorantes em relação às matérias que condicionam o seu dia-a-dia e preferem continuar a sê-lo? Se muitos nem conseguem governar as suas casas, poderão opinar e escolher os governantes de um país? Vimos acima que a democracia orgânica parte de uma visão holista e que se apresenta como um modelo mais aceitável. Mas será a democracia a única solução?

Já n'ARepública[14], Platão considerava a democracia como um dos mais degenerados regimes políticos, situada entre a oligarquia acima e a tirania abaixo. O homem democrático deixa-se levar por uma vida hedonista, presa dos mais variados desejos, numa vida sem ordem. Essa sociedade democrática preza a liberdade acima de tudo, mas é dessa liberdade excessiva que surge a anarquia e para suplantá-la a tirania. Atentemos a esta pequena passagem:

"(...)

- Sobrevém a mesma enfermidade que na oligarquia, e que a deitava a perder; nascendo, aqui também, da liberdade de fazer tudo, torna-se mais amplo e mais forte, até reduzir a democracia à escravatura. É que, na realidade, o excesso costuma ser correspondido por uma mudança radical, no sentido oposto, quer nas estações, quer nas plantas, quer nos corpos, não menos nos Estados.

- É natural.

- A liberdade em excesso, portanto, não conduz a mais nada que não seja a escravatura em excesso, quer para o indivíduo, quer para o Estado.

- É possível, realmente.

- É natural, portanto, que a tirania não se estabeleça a partir de nenhuma outra forma de governo que não seja a democracia, e, julgo eu, que do cúmulo da liberdade é que surge a mais completa e mais selvagem das escravaturas.

---

[14] Ver PLATÃO, *A República*, Fundação Calouste Gulbenkian, Lisboa, 6ª ed., 1990, p. 386 e seguintes.

(...)"[15]

A aristocracia, no seu significado original é muito diferente. Com isto queremos dizer que não nos referimos à aristocracia como um sector rico e privilegiado da sociedade, ou seja, não confundimos como muitos, aristocracia com alta-burguesia. Por aristocracia queremos dizer o governo dos mais capazes, dos melhores e não a deturpação posterior. Em Platão, o termo aristocracia funda-se na virtude e na sabedoria. Caberia pois aos sábios, aos melhores, aos aristocráticos, enfim, dirigir o navio do Estado no rumo do verdadeiro bem. Por seu lado, Aristóteles afirmava que a aristocracia era o poder confiado aos melhores cidadãos, sem distinção de nascimento ou riqueza.

É o tipo de regime que Platão exalta n 'A República e que atravessa toda a obra. A cidade ideal de Platão seria dividida em três estratos, segundo o modelo tradicional e seria governada pelos reis filósofos, os amantes da sabedoria, educados desde crianças para conduzirem os concidadãos e a polis rumo ao Bem. A degenerescência do regime aristocrático acabaria por conduzir à timocracia, com o advento da classe guerreira como classe dirigente.

Com o fim da Antiguidade e a entrada na Idade Média manteve-se a divisão social em três estratos, embora a nobreza se confundisse mais com a classe guerreira do que com a verdadeira aristocracia. Havia certamente nobres aristocratas e outros que não o eram. Com o tempo aristocracia foi perdendo assim o seu significado original. Com a Revolução Francesa o conceito de aristocracia sofreu um forte revés através das teses igualitárias. Contudo, como seria de esperar, acabou por desenhar-se um movimento anti-igualitário e contra-revolucionário, personificado em França por Joseph de Maistre, Louis de Bonald, mais tarde em Charles Maurras. Noutros países temos Edmund Burke e Julius Evola. A este movimento tradicionalista e contra-revolucionário segue-se, mais tarde, numa óptica revolucionária, o conceito de aristocracia com a ideia de partido único no comunismo e no fascismo, que guiaria as massas

---

[15] Idem, p. 399.

inferiores.[16]

Hoje em dia o conceito tem muitíssima actualidade. Poderia começar com uma meritocracia, contrariando a actual rebaldaria, escolhendo os melhores para os lugares onde mais se adequam, evoluindo depois para uma verdadeira aristocracia à maneira clássica.

---

[16] Cf. "Aristocracia", in *Enciclopédia Polis*, Vol. I, Verbo, Lisboa, 1983.

O REGRESSO À TERRA E O RURALISMO

O fenómeno do urbanismo tem sofrido uma aceleração nas últimas décadas. Cada vez mais assistimos a um êxodo rural a nível global. O abandono dos campos cria fenómenos de desertificação e de envelhecimento galopante da população na Europa e uma enorme pressão ecológica e demográfica nas cidades e zonas limítrofes. Mas será este cenário irreversível?

A crise que se instalou na Europa constitui uma oportunidade neste sentido. Milhares de citadinos, caídos em situações de desemprego e de miséria, buscam o rumo inverso aos dos seus antepassados, o caminho das aldeias e dos campos abandonados, que aguardam quem os cultive e os torne produtivos novamente. Muitos destes excluídos da sociedade contemporânea têm elevado nível de instrução e trazem uma lufada de ar fresco ao mundo rural, com as suas ideias acerca do meio ambiente, da agricultura orgânica e sustentável, e da necessidade imperiosa de mudança de paradigma económico. Muitos têm ainda interesse pelas tradições, pelo folclore, pela música popular, pelo artesanato. É um marcado contraste com os agricultores de antanho, muitas vezes analfabetos e pouco instruídos. É um movimento consciente e muitas vezes aguerrido, que constitui uma forma de enraizamento. Convém contudo frisar que este movimento não é muitas vezes um simples movimento de regresso à terra.

Assistimos a um renascer do agrarianismo, doutrina filosófica que considera a vida rural superior à vida urbana, o fazendeiro independente como superior ao trabalhador assalariado, e vê a agricultura como o modo de vida que pode modelar os valores sociais ideais. Enfatiza a superioridade da vida rural mais simples face à complexidade da vida urbana, com as suas fábricas e bancos.

Desde a Antiguidade, muitos pensadores exaltaram o valor do cultivo da terra. Na Grécia, Hesíodo, Aristóteles e Xenofonte promoveram ideias agrárias. Em Roma, podemos citar os nomes de Catão, Cícero, Horácio e Virgílio. Na China houve também uma adesão a estas ideias, o agriculturalismo, crítico dos ensinamentos de Confúcio e de Mêncio, e baseadas na figura semi-mítica de

Shennong, um rei benevolente que trabalhava juntamente com o povo nos campos. Muito mais tarde, no século XVIII, surge em França o movimento fisiocrata, que advogava que toda a riqueza vem da terra. Estas ideias exerceram influência mais tarde nos séculos XVIII e XIX sobre Thomas Jefferson e os emergentes EUA e sobre o romantismo europeu, imbuído de ideias sobre a Natureza enquanto força espiritual. Recordemos os trabalhos de Thoreau nos EUA e de ÉliséeReclus ou André Theuriet em França. Nas primeiras décadas do século XX, o agrarianismo despertou um considerável interesse e atenção, mas acabou por cair no esquecimento no pós-guerra.

Este renascimento a que assistimos está associado ao movimento ambientalista, que assume novo vigor com a destruição do meio ambiente, da fauna e da flora e a poluição proporcionadas pelo modelo económico capitalista.

O FIM DO ESTADO-NAÇÃO E A AUTARCIA DOS GRANDES ESPAÇOS

O Estado-Nação, surgido no advento da modernidade com o Tratado de Westphalia em 1648, parece ter os dias contados. Por todo o mundo surgem projectos integradores, projectores de grandes espaços territoriais. Tal não tem de ser necessariamente mau, desde que se cumpram alguns critérios. A verdade é que nos tempos que se avizinham não há lugar para novas Albânias ou Cubas. Os países que se isolarem estarão indubitavelmente mais fracos, nesta época de grande mobilidade, graças aos actuais meios de transporte. Não será por fecharem as fronteiras que a pós-modernidade deixará de bater-lhes à porta.

Na sua obra, O Choque das Civilizaçõese a mudança na ordem mundial[17], Samuel Huntington dividiu o mundo em grandes espaços, criados em torno de traços culturais comuns. Distinguiu assim as civilizações ocidental, latino-americana, africana, islâmica, sínica, hindu, ortodoxa, budista e japonesa.[18] Segundo ele, numa época em que o liberal-capitalismo e a democracia parlamentar avançam, é de esperar resistência a esta ofensiva. Os conflitos contemporâneos não serão ideológicos ou económicos, mas sim culturais. Os povos terão tendência a agrupar-se em torno de uma cultura comum para fazerem face às grandes ameaças, reais ou percebidas.

Os grandes espaços podem ser a via para a independência económica, reduzindo os conflitos mundiais que têm lugar pelo controlo das matérias-primas. Por outro lado, os grandes espaços serão garantes de paz ao dissuadirem potenciais agressores pelo seu tamanho, população e poderio militar.

A UE foi um passo para a integração do espaço europeu, que importa estender ao Leste até à parceria estreita com a Rússia. As vastas extensões desabitadas deste país constituem o espaço por excelência para a execução do Destino Manifesto europeu. O problema não é a UE em si, mas sim quem a governa. Com uma elite

---

[17] Ver HUNTINGTON, Samuel, *O Choque das Civilizações e a Mudança na Ordem Mundial*, Gradiva, Lisboa, 1999.
[18] Huntington, op. cit. pp. 27-28.

dirigente desenraizada, cosmopolita, liberal e capitalista, pouco há a esperar de bom desta grande instituição, enquanto a sua liderança não for substituída.

AleksandrDugin, o russo que é a figura maior do neo-eurasianismo, afirma na sua obra "Teoria do Mundo Multipolar" que: "Como primeiro passo da destruição do sistema económico global devemos, provavelmente, referirmo-nos à teoria da «autarquia dos grandes espaços» [Friedrich List], que inclui a criação de zonas económicas circunscritas aos territórios pertencentes a uma mesma civilização. No perímetro desses territórios devem alinhar-se as barreiras alfandegárias, configuradas de modo a promover no seio da dita civilização o mínimo dos bens e serviços necessários para satisfazer as necessidades da população e o desenvolvimento da capacidade produtiva interna. Mantém-se o comércio internacional com os outros «grandes espaços», mas organizado de modo a que nenhum «grande espaço» se torne dependente do abastecimento estrangeiro".[19]

A autarcia económica torna-se assim possível, diminuindo as guerras pelos recursos dentro do espírito da multipolaridade e do respeito por todas as culturas. A Europa encontra-se pretensamente dividida entre a cultura ocidental, a cultura ortodoxa e pequenas zonas muçulmanas. Sem se libertar da tutela americana será talvez impossível à Europa Ocidental estender a mão à Rússia e aos seus irmãos do Leste, a menos que grandes mudanças ou convulsões conduzam ao projecto biopolítico do setentrionalismo proposto por Guillaume Faye, uma união estratégia e política de todos os europeus e euro-descendentes.

---

[19] DUGIN, Aleksandr, *Teoria do Mundo Multipolar*, IAEGCA, Lisboa, 2012, p. 141.

A PÓS-MODERNIDADE ENTENDIDA COMO OPORTUNIDADE

A pós-modernidade é talvez a última oportunidade para a Europa. Um número crescente de europeus apercebe-se que algo de importante está para acontecer, que estamos a viver tempos comparáveis aos da queda do Império Romano do Ocidente, ou ao Cerco de Viena. Hesíodo falava nas sucessivas idades do Homem, os hindus nos Yugas. Não há dúvida de que estamos a viver o fim de um ciclo, que estamos na Idade do Ferro, num Kali-Yuga em ebulição, cujo desfecho será violento, imprevisível e explosivo.

O sistema capitalista é autofágico, ou seja, acabará sem necessidade de inimigos externos por devorar-se a si mesmo, tal como o sistema comunista já o fez. Não se baseia como as sociedades tradicionais numa organização natural e hierárquica. O impacto do capitalismo no planeta é tal, que se tornou insustentável. A bem ou a mal, o capitalismo será forçosamente detido.

O pensador francês Guillaume Faye, acredita que a Europa só se erguerá após a catástrofe que se avizinha, a qual segundo ele, é inevitável. Para o mundo que se levantará das ruínas da pós-modernidade, para o mundo pós-catástrofe, ele propõe o arqueofuturismo, enquanto alternativa ao tradicionalismo. Para Faye, foi a modernidade que conduziu à "convergência de catástrofes": a metástase do tecido social europeu, crise económica e demográfica, o caos no Sul, uma crise económica global, um reavivar do fanatismo religioso fundamentalista, um confronto inevitável entre o Norte e o Sul e à poluição desenfreada do planeta. O absurdo do Mito do Progresso esbarra contra a realidade: limites físicos ao crescimento ilimitado da produção e do consumo.[20]

"Provavelmente apenas <u>depois</u>da catástrofe ter destruído a modernidade, com o seu mito e ideologia globais, afirmar-se-á uma mundivisão alternativa em virtude da necessidade. Ninguém terá a visão ou a coragem de implementá-la antes do caos se instalar."[21] O que é o arqueofuturismo? Uma mistura de arcaísmo e de futurismo,

---

[20] Cf. FAYE, Guillaume, *Archeofuturism*, Capítulo 2, ARKTOS, S/L, 2010.
[21] Idem, p. 68.

onde se misturam os valores perenes e imortais, biológicos e humanos, com o desejo de planear e de projectar o passado no futuro, criando civilização.

Tal queda do sistema liberal-capitalista será a grande oportunidade de mudarmos de vida. De qualquer modo seremos obrigados a mudar se queremos sobreviver. O que acontecerá à Europa é ainda uma incógnita. Será indubitavelmente mais forte se estiver unida, mas certamente iremos assistir a um ressurgimento do regionalismo, do municipalismo e do comunitarismo. Poderá até fragmentar-se como na Idade Média, existindo múltiplos feudos onde hoje se encontram os Estados-Nação centralizadores. De qualquer dos modos, a Europa terá de emancipar-se da tutela dos EUA, que ajudam a manter a condição de anão político da UE. Será uma incógnita a actuação do Reino Unido nesta matéria, uma vez que fortes laços históricos ligam este país aos EUA e o país insular sempre se colocou um pouco à margem dos acontecimentos e processos europeus continentais.

Falamos aqui sim, do eixo Paris-Berlim-Moscovo, já defendido por Jean Thiriart[22], Robert Steuckers, Alain de Benoist, Carlo Terracciano, Guillaume Faye, ou AlexandrDugin. Alguns atrevem-se até em falar no eixo Paris-Berlim-Moscovo-Nova Delhi, que constituiria um imenso baluarte contra os dois grandes desafios estratégicos que a pós-modernidade coloca aos vectores desse eixo: o mundo muçulmano e a República Popular da China.

A época não é para isolamentos ou chauvinismos serôdios. A construção de pontes entre os povos europeus tem de continuar, pois quem optar pelo isolamento ficará para trás e muito mais vulnerável a qualquer ameaça. A República Popular da China é um colosso industrial e populacional com mais de 1,3 mil milhões de habitantes. Está a modernizar as suas Forças Armadas e almeja ser a potência regional asiática, para o que poderá contar com a oposição dos EUA. Dependendo do estado dos EUA, a República Popular da China poderá aspirar até a ser a potência global, impondo os seus desejos e

---

[22] Cf. THIRIART, Jean, *Europa-um império de 400 milhões de homens*, Editorial Pórtico, Lisboa, S/D.

interesses ao resto do mundo.

O mundo muçulmano estende-se da Indonésia, ao Paquistão, e daí ao Médio Oriente, ao Maghreb e a zonas cada vez mais significativas da África subsaariana. Muitos sonham no mundo muçulmano com o Califado, um único governo islâmico a controlar todo o espaço muçulmano. Escusado será falar no potencial de tal projecto, e que se ele se realizar a Europa estará em grande perigo. A Rússia e a Índia também ficariam sob grande ameaça desta força geopolítica. O que a Europa será dependerá dela e da sua vontade de sobrevivência.

CONCLUSÃO

O mundo em geral e o mundo ocidental em particular pós-1945 e ainda mais pós-1989, é sem dúvida um mundo doente. Após o fim do Pacto de Varsóvia e a queda da União Soviética, o capitalismo pôde enfim revelar a sua verdadeira face e os processos destrutivos da sociedade aceleraram-se e aprofundaram-se. Muitos patriotas e nacionalistas europeus cometeram o erro de julgarem ser o capitalismo um mal menor e foram um aliado do liberal-capitalismo durante a Guerra Fria e continuam a sê-lo.

Mussolini, entre outros, entreviu bem o perigo daquilo que chamava a plutocracia anglo-saxónica, sugerindo mesmo, no final da 2º Guerra Mundial, que a Itália preferisse Estaline como seu "senhor"[23]. Essa sugestão não foi, infelizmente, aceite por muitos admiradores seus, que no pós-guerra elegeram o comunismo como o maior perigo para a Europa. O comunismo não era mais perigoso: era sim, menos hipócrita, e não mascarava com lindas palavras e gestos delicodoces as suas verdadeiras intenções.

O capitalismo e o comunismo foram a tese e a antítese, superadas no início do século XX, com a síntese fascista. Apavorados pela ascensão deste inimigo comum, uniram-se para destruí-lo, o que alcançaram em 1945. Claro que esta aliança contra-natura não poderia durar muito mais. A Guerra Fria começou quase de seguida, expressão natural de um mundo bipolarizado. A União Soviética conduziu-se ao colapso e arrastou com ela o bloco socialista, um pouco por todo o mundo. A República Popular da China apressou-se a fazer reformas, abandonando a economia centralizada estatal e tornando-se na fábrica do mundo, servindo voluntariamente os fins das multinacionais e dos grandes financeiros.

O capitalismo avançou a passo acelerado pelo mundo, como vimos nas páginas acima, deixando cair a sua máscara. Tornou-se tão perigoso para as instituições e para a identidade quanto o comunismo - ou até mais - uma vez que é mais atractivo do que o comunismo

---

[23] Ver NORLING, Erik, *Fascismo Revolucionário*, Contra-Corrente, Lisboa, 2013, p.32.

foi, para grande número dos seres humanos. Alternativas impõem-se e existem, mas é necessário que cada um faça a sua parte no derrube de um sistema predador e altamente lesivo. Um pouco por todo o planeta começam a ganhar força correntes ideológicas alternativas, e movimentos de resistência. Os movimentos patriotas, nacionalistas e identitários crescem um pouco por toda a Europa - nalguns países exponencialmente. Há a destacar nesta onda crescente, o vigor do movimento identitário na Europa Central (França, Suíça, Bélgica, Alemanha), a actividade cultural extraordinária e inspiradora da NouvelleDroite francesa, o neo-eurasianismo do russo AleksandrDugin, a italiana Casa Pound e uma pletora de outras iniciativas e organizações.

Toda esta onda que se ergue contra o liberalismo, dá-nos esperança para o combate futuro, que terminará, estamos certos, com a vitória da Europa!

REFERÊNCIAS BIBLIOGRÁFICAS

Livros

ALMEIDA, Políbio Valente de, Ensaios de Geopolítica, ISCSP/IICT, Lisboa, 1994.

BENOIST, Alain de, The Problem of Democracy, ARKTOS, S/L, 2011.

BENOIST, Alain de; CHAMPETIER, Charles, Manifiesto Por un Renacimiento Europeo, ARKTOS, London, 2012.

BRITO, António José de, (Org.), Para a Compreensão do Fascismo, Nova Arrancada, Lisboa, 1999.

CÉLINE, Viagem ao Fim da Noite, Ulisseia, Lisboa, 2002.

CORVUS, Guillaume[24], La convergence des catastrophes, DIE, Paris, 2004.

DUGIN, Aleksandr, Teoria do Mundo Multipolar, IAEGCA, Lisboa, 2012.

FAYE, Guillaume, Archeofuturism, ARKTOS, S/L, 2010.

FUKUYAMA, Francis, The End of History and the Last Man, Free Press, New York, 2006.

HUNTINGTON, Samuel, O Choque das Civilizações e a Mudança na Ordem Mundial, Gradiva, Lisboa, 1999.

KAGAN, Robert, O Paraíso e o Poder, Gradiva, Lisboa, 2003.

---

[24] Pseudónimo de Guillaume Faye.

LINO, Raul, Casas Portuguesas, Livros Cotovia, Lisboa, 10ª ed., 2001.

NORLING, Erik, Fascismo Revolucionário, Contra-Corrente, Lisboa, 2013.

PLATÃO, A República, Fundação Calouste Gulbenkian, Lisboa, 6ª ed., 1990.

THIRIART, Jean, Europa - Um Império de 400 milhões de homens, Editorial Pórtico, Lisboa, S/D.

Publicações periódicas

BENOIST, Alain, "A imigração, exército de reserva do capital", in Finis Mundi, nº4, Antagonista, Amadora, OUT-DEZ 2011.

www.ingramcontent.com/pod-product-compliance
Lightning Source LLC
Chambersburg PA
CBHW022129280326
41933CB00007B/610